『　　　　　　　　　　　　　　　　　』

社　名　──────────　　──────────

「平成社史」
──自社で作れる平成30年間の社史

目　次

目　次

序文 …………………………………………………06

第１章：「はじめに」の書き方について …………13

第２章：社史をまとめるポイント ………………19

第３章：我が社の年表 ……………………………37

第４章：資本金と社員数の推移 …………………99

第５章：我が社の経営数字推移 …………………… 105

第６章：我が社の歴史 …………………………… 119

歴史を語る数々の写真 …………………………… 172

あとがきの作成について ………………………… 174

エピローグ（本書のあとがき）………………… 178

序文

「戦後の復興と成長、現在の平和と繁栄は、一人の偉人、一つの組織が作ったものではなく、多くの日本人がそれぞれの場で、それぞれの業に励むことによって、生み出された作品です。

戦後の日本、敗戦国から経済大国へと奇跡的な発展を成し遂げてきた日本を知るために、こうした多くの人々の事績と思想を知る必要があります。その意味でも、戦後を生きた人々は、その体験と考え方を、後世に伝えるべきでしょう。

言葉は風のごとく消え、思い出は土のごとく流れ去るものです。しかし、良書は人類共通の財産として残ります」

これは、昭和59年（1984）の当社創業の時に、当社の株主で、現内閣特別顧問・元経済企画庁長官・作家の堺屋太一氏より贈られた言葉です。

当社・出版文化社は、このお言葉を胸に、単行本の出版、経営者の自叙伝の出版より事業を始めた会社です。

創業の数年後に依頼を受けた社史は、社史のことをよく知らないままに制作を始め、以来、受注が切れることなく、今日まで1,300点余りの企画・編集に携わることができました。もとより、予想していた展開ではありませんでしたが、企業、大学・高校・小中学校、病院、労働組合、公益法人、その他さまざまな組織との出合いがあり、多くのことを学んでまいりました。

それらの経験を基に、いままでにも社史に関する単行本をまとめてきましたが、それらはいずれもテーマありきで、その時々に読者のために必要と思われたテーマを企画にして出版してきました。

ところが、今回は平成時代の終わりが決まって、その時

代にまとめられる社史について、読者に伝えよう、という企画です。平成31年（2019）4月30日に終わることが決まった平成時代。それにあわせて社史を出版するためには、以下のような出版のタイミングがあります。

1）平成31年4月30日までに出版する

2）平成31年の貴社の記念日に出す（創立や設立、創業者の生誕や没後何年の記念、または商品・製品の発売記念など）

3）平成時代の全体が見渡せる平成31年5月1日から社史を作り出して、完成次第出版する

　これから貴社の社史を出版するなら、これらのタイミングが考えられます。

　当社が、いままで社史を出版してきた経験では、50周年社史が最も多く、次に30、40、100周年へと続きます。やはり、50年というのはきりのよい数字であるとともに、創業時のことが語られるギリギリの経過年数ということも言えます。たとえば、創業者が30歳代で事業を始めたら、80数歳になって、まだお元気である可能性があります。あるいは、創業者のことを知る人が、まだ社内外に存在することも十分に考えられます。

　さらに、終戦後に企業が勃興してきたのが昭和22年頃からで、その後、朝鮮戦争が勃発した昭和25年を除いて、右肩上がりに増加してゆき、起業数の最初のピークは昭和48年（1973）の第1次オイルショックの年にさかのぼります。昭和23年（1948）の50年後は平成10年（1998）で、その後、25年間はピークに向かって50周年が増えてきています。つまり、2023年まで50周年の社史は堅調に増えていく、

と考えられます。

　さらに、昭和４９年（1974）から起業数は１０万社前後を凸凹し、昭和６３年（1988）には再び、起業数は14万社超へと増え、平成３年（1991）までは１６～１７万社に増加し、再びピークを迎えます。

　つまり、平成３年（1991）の５０年後の2041年までは５０周年を迎える企業が増加し続けると予測されます。予測とするのは、そこまで企業が生き延びていくことが前提だからです。

　ただ、忘れてならないのは、５０周年の社史が最も多くなる前には、実は、３０周年史が最も多く出版された時代がありました。当社が創業したのは昭和５９年（1984）です。それから数年して社史を手がけるようになりましたが、その当時に調査をしたら、３０周年が最も多く出版されていました。その頃は大阪におりましたので、最寄りの大阪府立中之島図書館や、北浜にあった証券図書館へ社史をよく見に行っておりましたが、当時の所蔵社史のリストを調べた結果、最も多かったのは３０周年社史でした。

　つまり、戦後に企業が勃興してきた昭和２２年（1947）に３０年を足すと昭和５２年。その年以来、続々と３０周年を迎える社史が出版されてゆきました。よって、筆者が昭和６０年代初頭に調べたときには、「３０周年社史が最も多い」という調査結果になったのです。

　これは何を表しているのかと申しますと、以下のことが挙げられます。

1）昭和２２年から勃興してきた企業が、昭和３０年代、４０年代の高度成長期を経て成長し、昭和５０年代に中度成長期に移り、一段落した時代を迎えて、昭和

５０年代から社史を作り出した。

2）３０年は一つのビジネスの勃興から衰退までの時間に等しい。ビジネスモデルのライフサイクルの問題。

3）昭和５９年（1984）当時に、日本経済新聞社が発表した「企業３０年説」に習うとおり、明治時代から昭和まで、多くの企業は絶頂期を３０年で終えている。

4）創業者が３０〜４０歳代で創業した場合、３０年たつと、年齢が６０〜７０歳になっており、体力的、精神的にも引退の時期にさしかかっている。

5）創業者に子供がいた場合、３０年たつと、子供は独立しており、扶養義務が無くなることで、親としての務めが終わり、労働意欲の減退につながる場合がある。

6）筆者は長寿企業の研究者でもありますが、その調査でも、創業者の９９/１００者は創業２６年までに会社をつぶすのが一般的でした。

これらのことから「企業生理学」（企業を生物としてとらえて、その諸器官の働きを研究する学問）の点から申しましても、３０年が最初に社史が作られる多い年数で、その後、２０年たって、２冊目の社史が作られる、という組織が多いように考えられます。もちろん、１０周年、２０周年、２５周年（first quarter）、３０と５０の間の４０周年で社史を出版する組織もたくさんありますが、おしなべて、このようなことが言えるようです。

そこから発想すると、今回、平成３１年４月末で平成時代が終わるのは、約３０年というたいへん区切りのよい期間であり、この間に、企業が、組織がどのような道を歩んできたのかを記す、最適な期間であろうと考えられます。

しかも、江戸時代の光格天皇以来、約200年ぶりの天皇の生前退位であり、カウントダウンができる、おおっぴらに準備できるという利点があります。
　昭和天皇の時も、昭和63年から「かなり危ないらしい」という噂は語られていても、確かな情報は流れておらず、そ

朝日新聞　昭和63年9月24日一部抜粋

序文

れに向けて準備をしたり、表だって口に出すのははばから
れたことを思い出します。当時、昭和天皇の病状について、
写真のような記事が出たことを思い出します。このような記
事を読んで、国民はひそひそ話をしている状況でした。

　ところが、今回は正々堂々と語り、準備することができま
す。平成が終わる前に、平成時代の資料や情報を集め、整
理し、時代の沿革も語ることができます。ぜひ、この機会
に、貴社の『平成社史』をまとめていただきたいと思います。

　本書は、そのための書き方、まとめ方を1冊にしたものです。
す。使い方、書き方は、それぞれの章に説明しております。

　これらのページに鉛筆で記述をされ、内容を読み返して、
完成を実感できたら、カバーをはずして、本体表紙にタイト
ルと貴社名を入れてください。本文の最初の頁（本トビラ）に
も同じくタイトルと貴社名を入れると完成です。

　今回は『平成社史』というオリジナル社史1冊を作ること
が目的です。しかし、本来の社史の目的は、「歴史に学んで、
今後に生かす」ことと、社員と歴史を共有することです。

　綴られた貴社の歴史が、何を我々に語っているのか、何が
学びとなるのか、客観的に、かつ分析的に見る。そして、そ
のいくらかでも社員さんに語り、読ませることを考えていただき
たい。それこそが、社史を作る本来の目的であるからです。

　勇気を出して貴社の歴史と正面から語り合ってください。
そして、よりよい未来を築くために、ぜひチャレンジを。

　貴社のますますのご発展をお祈りしております。

　　　　　　　　　　　　　　　　　　　　　　　浅田厚志

第1章

「はじめに」の書き方について

平成社史

まず、社史を執筆するに際して、社史をまとめようと考えた思いから綴ってまいりましょう。

　この社史を読まれる方は、書き手がどのような思いで、社史をまとめようと考えられたのか、何を伝えたいと思われたのか、そのような「思い」を知ることで、社史の読み方は変わってきます。

　下記のご質問に答えていただくように、原稿を執筆してください。

　主な質問は、歴史話を聞くものではなく、歴史を残そうと思うその理由についてお尋ねしています。何のために、誰のために『社史』を残そうと思われたのか、ということです。

　歴史と向き合うのは、とても勇気のいることです。だからこそ、歴史を書こうとしている今、その重要性と、伝えようとしている相手について、考えておくことが必要です。それこそが、書き手が歴史を記していく勇気のもとになり、時には、現実の歴史を前にひるんで、筆が止まったときに、前に進めてくれる原動力になるからです。

　いま、社史というオリジナルな本を作ることができなくても、１０年後を見込んで、いま、綴れることを、書き残しておくことは、後の人達へ最高の贈り物になります。

　書きにくいことでも、書いてしまえば、客観的に見ることができます。そして、この社史にとって、それができるのは、恐らく貴方だけではないでしょうか。この『平成社史』との出合いは、組織が歴史を残してほしい、という思いの結実でもあると考えられます。

第1章 「はじめに」の書き方について

　下記の質問に答えることで、「はじめに」のポイントを記すことができます。

　世界でたった1冊の社史を求めて、貴社の歴史への旅を楽しんで下さい。

Q1：『社史』という自社の歴史をまとめる本がある、ということを
　　知ったのはいつの頃で、何がきっかけでしたか？

Q2：『社史』と聞いたときに、どのような印象を持っていました
　　か？　いままで聞いたり、見たりした『社史』の印象も書
　　いて下さい。

Q3：貴方自身が「社史をまとめよう」と考えられたのは、なぜ
　　ですか？

Q4：社史を読まれる中心の読者層は誰ですか？　それはなぜ
　　ですか？

Q5：中心読者以外に、どのような読者を考えていますか？
　　それはなぜですか？

第1章 「はじめに」の書き方について

Q6：この『社史』を通じて、もっとも伝えたいこと、語りたいことは何ですか？　それはなぜですか？

Q7：もっとも伝えたいことの次に伝えたいことは何ですか？それはなぜですか？

Q8：この社史を読んだ読者に、何を学んでもらい、次の世代に何を伝えてほしいと思いますか？

Q9：自社の歴史をまとめるのは、簡単ではありません。その高いハードルを乗り越えていく心構えを教えて下さい。

第2章
社史をまとめるポイント

1. 社史とは何か

　「社史は読まれないからね…」と言われた社史を制作する会社の担当者がおられました。最初から、そのように考えていると、間違いなく、そういう社史になってしまいます。

　これから執筆を開始しようとされている貴方は、どう考えておられますか?

　この『平成社史』は、恐らく貴方が一人で書くことになるでしょうから、他の誰にも読まれない社史を書くことは可能です。しかし、せっかく多大な労力をかけて書かれる社史です。書いた後、すぐに読まれなくても、いつかは誰かに読まれるために、書いていただきたいと思います。そうでないと、貴方一人の「つぶやき」に終わってしまいます。「つぶやく」書き方と、誰かに読まれることを意識した書き方はおのずと違ってきます。

　「いや～社員や他の人に読まれるのは困る、恥ずかしい」と思われる方もあるでしょう。そういう方は、すぐに、読まれるようにする必要はありません。完成してから、しばらく寝かせておく方法も採れます。

　20年近く前の話ですが、あるボタン製造会社の経営者は、書き残した本を、「私が亡くなってから配布してほしい」と言い残して、10年ほど後に旅立たれました。

　家族はそれを受けて、家族すら読んでいなかった本を、家族、親戚、社員や取引先に配られました。生前に読まれると困るなら、そういう作り方も、配布の仕方もあります。

　「つぶやき」は、自分に対するもので、他の誰かに聞いてもらうことを前提にしておりません。表現も自分さえわかれ

第2章　社史をまとめるポイント

ばよい、というレベルになってしまいます。いつか、誰かに読まれる社史と考えて、執筆を進めていただくと、そこには、伝えようという意志がこもります。その相手が誰なのか。妻、夫、子供、もしかしたら孫かもしれません。できれば、社員も入れてあげてほしいと思いますが、それは勇気の要ることでもあります。ましてや、取引先にも読んでもらおうと思うと、客観的な検証も必要になってきます。そこまでは考えない、ということなら、家族と社員が対象となります。

　家族だけですと、身内だからこそ、わかるような内容だけになってしまいます。それは家業であって、企業とは申しません。社史という以上は、会社は家族だけで経営してきたのではないはずです。それなら、いずれは社員にも読んでもらえるような歴史を綴っていただきたいところです。

　そう意識することによって、会社の歴史を、自分および家族の視点から見るのではなく、会社の30年を俯瞰する視点が得られるはずです。また、会社は多くの社員と取引先があってこそ、30年の時を刻んでこれたはず。その歴史を、「自分が、私たち家族がやってきたのだ」と考えると、会社の歴史を表面的にしかとらえないことになってしまいます。

　実際は、社員と取引先のおかげで、今日を迎えられたわけで、そう考えると、会社の歴史への理解がより深まるはずです。会社は社員にとっても、大事な人生の舞台。その大事な人生時間を費やしてくれた彼らのためにも、この社史を書いておこう、と考えて、執筆を進めていただきたいと思います。

2．自分史と社史の違い

　団塊の世代が７０歳代になって、いま、自分史を書く人達が増えている、と聞きました。絶対人数が多いので、全体に盛り上がっているのでしょう。

　経営者もいままで多くの自分史を残してきました。有名なシリーズでは、日本経済新聞社の「私の履歴書」でしょう。一人の経営者の人生を通じて、時代の変化や社会、風俗、商業の変遷がわかって、秀逸なシリーズとして長く続いてきました。

　では、経営者が書く自分史と社史は、どのような違いがあるのでしょうか。特に、経営者が創業者であれば、人生そのものが経営の変遷と等しいので社史と大差のない内容になると思う方もあるでしょう。

　しかし、ここは明確に違ってきます。まず、経営者といえども、会社は人生舞台の一場面であって、それがすべてではありません。家庭があり、学校、友人・知人の関係、趣味や会社以外の人間関係もあるでしょう。会社に所在する前後には、別の人生がありました。自分史では、いつも本人が主役で、家族といえども、脇役にすぎないのです。

　それでは、社史にとって、経営者はどういう人物でしょうか。会社の歴史は、一人の社長だけが刻むわけではありません。経営陣、幹部社員、取引先、株主などを中心としたステークホルダーによって、会社の歴史は作られています。それらの方々が会社にさまざまな影響を及ぼし、その過程で会社は変化し、成長しています。よって、社史に書くことは、特定の人物を中心にしたものではなく、複数以上の人々

を対象とした群像の歴史ということになります。

　会社は社屋ではなく、社長でもなく、商品・製品でもありません。会社というのは、最終的には概念だろうと思います。私は、人、物、金、技術、情報、哲学の6つの要素によって作られた概念と考えています。これらの一つひとつがステークホルダーによって作られています。それらが微妙なバランスの上で、均衡を保ってきたからこそ、歴史があり、会社の今日があります。

　ですので、会社の歴史を書くときには、このような社内外の方々への感謝の気持ちが書かれていないと、会社の関係者が読まれたときに、がっかりしてしまうでしょう。

　たしかに主人公は、創業者、あるいは社長です。しかし、会社とイコールではあり得ません。出来事を書くときでも、名前を出さなくてもかまいませんが、代表者以外の関与した人達の記述もきちんと入れておきたいものです。

3. 社史と記念誌の違い

　周年を迎えた会社でも、社史を出版されるところと、記念誌を出版されるところに分かれています。

　社史は多くの場合、周年に合わせて歴史を刻みますが、記念誌は必ずしも、歴史を刻むことを目的とはしていません。周年を記念して、「社内外の方々へのお祝いと御礼」を表現することに重点を置いています。よって、詳細な年表や歴史の記述は不要とは申しませんが、重点を置いていません。

　そのようなことから、記念誌は株式会社ではない組織が出版されることが多くあります。たとえば、学校・大学、財

団・社団法人、労働組合など、主体的に経営するというより、周囲との調整業務が主体となる組織のことです。

　一方、会社の歴史は、多くの場合、経営陣により主体的に経営されているはずです。日々の経営判断によって、浮沈を繰り返してきたのが実態です。それらの出来事を経営陣を中心としたドラマで描くのが、社史の主眼です。

4．まとめる本人が、もっとも勉強になる

　会社の歴史をまとめるには、勇気がいります。多くの会社は、わずかな成功と、多くの失敗で成り立っているからです。そして、わずかな成功も、その影に多くの失敗があります。これから書こうとする社史が、自分自身の自己満足のためだけに書かれるなら、失敗談は書かなくても本文は成り立ちますが、ドラマに起伏をつけるのは数々の失敗談です。

　前述のように、会社の歴史はわずかな成功と多くの失敗で構成されています。そして、その多くの失敗は、経営者や経営陣によってもたらされているものが多いでしょう。

　一般社員が起こした失敗が、会社の屋台骨を揺るがすような事態になったら、それは社員の失敗ではなく、経営陣の管理能力の問題で、やはり経営の失敗と言えます。会社に、社史に金槌を持たせたら、もっとも叩かれるのは経営者で、それに耐える精神力があってこそ、経営者として業務をまっとうできます。

　そう考えると、よけいに失敗談を書きたくなくなるのが人情ですが、今後の経営や経営陣のことを考えると、ぜひ、書き伝えていただきたいと思います。

まずはそのわずかな成功が何によってもたらされたのか、そのことをしっかり書いておかなくてはなりません。しかし、その裏にあった失敗の数々を書かずしては、成功に至った道のりの本当の理由、原因がわかりません。ここは勇を鼓して、後輩たちのために書いていただきたいと思います。

それらの成功と失敗を書くとき、経営者として、人間として、成長しているときではないでしょうか。

5. 感謝の気持ちを伝えたい人、会社、出来事

会社は潰れるものです。それが普通です。筆者の調査でも99／100社は26年以内に潰れています。倒産か自主廃業か、形は違えども、会社が無くなるのは確かで、26年ということはたいてい創業者が自らで潰すということを表しています。

よって、今回、30年を経て、『平成社史』をまとめようと考えられたのは、たいへんな僥倖で、その素晴らしいステージに立っていることを、心から喜んでいただきたいと思います。

そして、そこに到った経緯に思いをいたすならば、感謝の気持ちを伝えたい人（社内外）や取引先、出来事が多くあるに違いありません。経営者の懸命な努力があったことは当然です。それは周囲の人達はわかっています。よって、経営者以外に、会社を支えてきた社内外の人、取引先、そして出来事を書くようにしましょう。

そのエピソードの中には、いままで公表していなかったようなこともあるでしょう。思わず社員が「そうだったのか！」と膝

を叩くような話も出てくるはずです。それらをすべて紹介することは、紙幅と時間から叶いません。その中から、何を、将来への教訓として残すべきかを取捨選択して下さい。

そして、ベースとしては、自慢話ではなく、感謝話として書きましょう。「この方、この会社がなかったら、今の当社はなかったかもしれない。なぜならば…」という書き出しで十分です。

また、人、会社だけではなく、出来事、エピソードの中にも、貴社の歴史に欠くことのできない事があったはずです。中には、"時代の追い風"もあったでしょうし、たまたまの幸いもあったでしょう。プロ野球の野村克也元監督が言われた「負けに不思議の負けなし。勝ちに不思議の勝ち有り」の言葉どおり、なぜ、こんなにうまく行ったのか、という不思議な出来事もあったことでしょう。

それらをまとめられるのは、貴方だけではないでしょうか。自ら歴史を刻んできた方にしか見えないエピソードを、ぜひ、この機会に披歴していただきたいと思います。

6. 資料を集める、整理する、残す

社史は会社の歴史です。それは個人の歴史ではなく、会社に関わった社員さん、定年退職者も含めて、その人達も歴史の一部であり、財産になるものです。ですから、可能な限り、事実が書かれるべきでしょう。ところが、会社の歴史には多くの人が関与しているので、なにが事実かはわからないケースがほとんどです。そこで皇国史観ならず、経営者史観なるものが出てまいります。つまり、わからないこ

とは、経営者の判断に委ねるしかないことになります。その時代に、その経営者は在籍してなかったり、その出来事を知らない場合もありますが、そのことを、今日の社史に書き記すのか否か、書くとしたらどのように書くかは、最終判断を現経営者に委ねるしかないのです。

　社史に書かれる記述は、できるだけ事実に近く、客観性も担保されている内容にしたいと思ったら、どうしても裏付け資料が必要になってきます。しかし、社史の記述の一つひとつに裏付け資料を探していたのでは、いつまでたっても社史は完成しません。

　よって、歴史の出来事の中でも、今日の会社につながる、影響力の大きな出来事については、経営者の思い出話だけではなく、一度は資料を当たってみて下さい。その出来事の最中に作られた文書や関連写真など、自社内だけではなく、その出来事に関係した当時の社員に聞いたり、取引先に聞いても、資料が得られる場合があります。

　あるいは、会社の出来事でも、それは業界全体で起こっていたようなこともあるでしょう。その場合は、業界団体に聞けば、資料を得られることがあります。また、国立国会図書館の資料案内は電話でも資料の探し方について教えてくれますので、そういう専門家を活用する方法もあるでしょう。

　当社で引き受けてきた社史でも、多くの企業は「うちは資料がほとんどありません」という話からスタートします。企業は長年の間に変化しています。その変化に合わせて、使わなくなるものや資料が発生してくるのは仕方がありません。しかし、変化した先に行き着く途上には、変化するための

葛藤や苦悶もあったはずです。それらが今日の貴社を形作る大事な道標になっているのです。

　手元に資料がないとしても、会社の中を今一度、見直してみましょう。創業者の自宅・蔵、歴代社長の自宅、自社倉庫の片隅、総務のロッカー。そして、幹部社員やOBが家に保管をしていることもままあります。

　仮に、執筆用の資料にならなくても、関連資料として保存をして、何がどこにあるかを社史に記載しておくだけでも、読み手側には説得力をもちます。ぜひ、試みていただきたいと思います。

7. 経営数字からひもとく

　「会社の中の出来事は、全部、数字に現れる」
　長年、経営に携わってきた方なら、この言葉に同感されるのではないかと思います。経営陣の仲がよいのも悪いのも、社員同士が仲がよいのも悪いのも。そして、ホンワカしたぬるい雰囲気も、それらはすべて、経営数字のどこかに反映されます。

　売上げは遠心力ですから、営業スタッフのマネジメントがうまくいっていれば、伸張します。ところが、製造現場の仕事繰りがうまくいっていなかったら、製造工程で余分な手間とコストがかかってしまい、求心力である粗利益が伸び悩む、という事態が発生します。

　一般管理費が営業利益を圧迫しているとしたら、管理部門の人員と業務マネジメントがうまく進んでいないのかもしれません。

第 2 章　社史をまとめるポイント

　このように経営数字は経営陣だけで作っているのではなく、すべての社員の意識、考え方、行動が反映されて作られています。

　現場の条件が数字を作るならば、数字を見て、そこから現場を知ることもできるはずです。別項の経営数字をグラフにするのも、その凸凹を見て、経営者ならその背景がおよそ察しが付くからです。

　または、売上げが上がっているのに、利益が上がらない、逆に下がっているという年があるかもしれません。数字を単年ではなく、グラフで継続的に見ることと、他の数字の趨勢と比べることで、出来事年表だけではわからない会社の動きがわかってきます。そして、それを明らかにするのは経営者の仕事です。

　会社の歴史の表に出ていない裏の事実を勇気をもって語るのは、経営者にしかできません。社員は、気がついていても口に出すことはできないでしょう。

　ここではなぜ、売上げが伸びたのか。なぜ、落ち込んだのか。ここで原価が上がった要因は何だったのか…。じっとグラフを見ていると、出てくる命題に限りがありません。ぜひ、「数字から逆算する会社の歴史」も執筆のネタとして活用していただきたいと思います。

8．会社の歴史をどう評価するのか

　社史を作ろうとしている会社は、いま、経営が順調であるか、大きな問題は起こっていないか、のいずれかであろうと思います。経営的に深刻な問題を抱えているなら、とて

も社史に手が回らないはずです。社史は、中期的に会社の経営をよくしてゆくことに貢献しますが、単年度で効果が出るようなものではありません。

　これから自社の社史を作ろうとされる方は、今日の社史の読者と、将来の読者のことも意識して、内容を練っていただく必要があります。

　その時のよすがとなるのが、書き手の歴史観です。つまり、書き手が会社の歴史をどう見ているのか、という命題です。

　競合組織の多い業界にもかかわらず、シェアを伸ばしてきたのか。実力はあるが、販売が弱いため、徐々にその勢いを弱めてきたのか。地域における業界のリーダーとして、地歩を固めてきたのか。この３０年の歴史全体を見て、会社のこの時代をどう評価するのか、を書き手としては、最初にもっておかなければなりません。

　経営者なら、自分なりの見方をもって、会社の３０年を評価できるでしょう。しかし、それが現実に適っているのかどうかを、一度は検証する必要があります。そのためには、現在の経営陣や、先代社長がおられるなら、先代との意見交換をしてみることでしょう。「自分は、我が社の３０年をこう見ているが、どう思いますか？」という質問で十分です。

　それをもとに会社の趨勢の見方や、業界内での評価など、会社を俯瞰してきた方と意見交換をすることで、客観的な視点が加わることになります。そういうことを通じて、会社の３０年を評価して、社史を最終的にどこに着地させるのか、ということが決まってきます。

　今回の『平成社史』は、自分で書き出す社史ですが、そ

れでもこの期間の歴史評価は、他の人と意見交換をしておいた方が良いでしょう。もし、独りよがりの社史が後年に、明らかにされると、書き手自身が評価されないことになってしまいます。

9. 組織の個性を特徴付ける

　法人格をもっている会社ですから、会社には人格があります。しかし、その性格、人柄は社長を筆頭とする社員さんによって決められます。では、会社の個性とはどういうものでしょうか。それが抽出できれば、社史を作るときに、大きな助けになります。
　「我が社は、いったいどういう会社なのだろう」
　「我が社の個性とはどういうものだろう」
　こういう命題を考えてみるのは、社史を作るときにこそできることです。
　業界内で他の会社とは違う何か。それは「他社との差別化」として機能しているはずです。地域の中で、珍しい存在として知られている何か。もしかすると、他社に知られている個性は、代表者に関連した個性かもしれません。
　かつて、ホンダの創業者・本田宗一郎氏を取材したとき、その豪放さと親切さ、そして緻密さをも併せもった人柄に魅了されたとともに、本田技研工業という会社のイメージとぴったり一致したものを感じました。
　あれだけの規模の会社であっても、その源泉が創業者にあるのを目の当たりにした時でした。それだけ、本田さん自身が極めて個性的な方で、それに影響を受けたり、同調し

た人達によって、個性的な会社が築かれたのでしょう。

　このように、個性の源泉は特定の人物の場合もありますが、何が貴社の個性なのかを探り、社史にそのことを、記載していただきたいと思います。

　たとえば「AでもBでもいいけれど、うちならBだな」と言えるような理由。会社としてどうしても、守りたいこと。会社の好き嫌いというものにも現れているでしょう。もし、書き手が代表者なら、渦中にいすぎて、自分ではわかりにくいと思います。他の社員の意見を聞いてみるのも、一つの方法でしょう。そういったところに、会社として残しておきたい歴史や出来事が内在しているケースが多々あります。

　たとえば、借金の嫌いな経営者なら、銀行からの借金を当てにすることなく、資金繰りをしようとするでしょう。それによって経理の現場は汲々としているかもしれませんが、それでも経営者は借金を増やそうとはしない。結果、設備投資に遅れが出て、業界内での地位を下げることになっているかもしれません。あるいは、無借金経営となって、強固な財務基盤を築いているかもしれません。これは会社の個性の一つです。

　と同時に、恐らく創業者の青年期か起業前に、借金で周囲の人が苦しんでいるのを見た経験があるのかもしれません。または、創業の頃に、銀行に借金を断られ、困窮した思い出があったのかもしれません。

　そういう出来事があって、それが経営の方法や考え方に影響しているとしたら、それは会社の個性として、出来事を記載しておくこととなります。

第2章　社史をまとめるポイント

10. 5W＋3Hの何が大事か

　これはWHEN　WHERE　WHO　WHAT　WHY　HOW
HOW MANY　HOW MUCHを指します。

　情報の内容を網羅するための項目です。この中で、社史
にはどれが記載されるのか、優先順位を付けて考える必要
があります。

　これらの項目が確かめられるなら、それは素晴らしい社
史になりますが、社史に記述されるのは、これらがすべて
網羅できる出来事ばかりではないでしょう。もちろん、曖昧
なことや、わからないこともあります。しかし、一つの出来
事をきちんととらえようと考えるなら、これらの項目を念頭
に置いて、情報を集め、整理をする必要があります。

　それでは、社史に記述する内容として、なにを優先する
かを考えてみます。

　まず、最も大きいのは編集方針です。重要テーマとして
は、人の名前をどの程度入れるのか、ということがありま
す。会社の歴史は前述のように、社長一人で作られたもので
はなく、社長を中心とした群像によって作られたものです。
そこで、会社の歴史に多くの人を登場させるのか、否かとい
う編集の大きな岐路となる判断があります。

　善し悪しの問題ではなく、これは会社としての考え方に
よります。たとえば、創業者が強力なリーダーシップで牽引
してきて、周囲の人はそれを実現することが業務の大半で
あった。そんな会社はたくさん存在します。そういう会社な
ら、おそらく社長以外の人物を多数登場させるのは、はば
かられることが多いでしょう。この場合は、社長の考え方、

33

動向を中心として、歴史を描いてゆくこととなります。すると、WHOはあまり重要視されません。よって、逆の場合は、WHOが重要で、多数の人物を特定し、その名前も歴史に登場させる、という編集方針になるわけです。

　他方、販売会社でとにかく売ることに忙しく、熱心にやってきた会社。社員の多くも営業マンで、売ることにかけては強者を揃えて会社を伸ばしてきた、という会社なら、しっかり数字（HOW MANY　HOW MUCH）を重視した社史にしてゆくことになります。

　このあたりは、前述の会社の個性とも関連してきますから、個性と歴史をつなぐ情報回路として、これらの項目を意識すればよいでしょう。

11.　未来のために、何ができるか

　筆者は下記のようなテーマを考えながら、経営してきました。社員は今日のことを考える。部課長は1年先のことを考える。役員は会社の中期計画を考える。そして、TOPは会社の将来を考える。

　このように述べますと、社員と上級職の人達は、考える時間の長さが違うことに気づきます。社史は、経営者の判断で出版することが決められます。社長が知らない間に社史の出版が決まった、という話は、ついぞ聞いたことがありません。それならば、社史は経営の一つのツール、機能と言えなくもありません。

　社史を出版するということは、社史という本を出すことに意味があるのではなく、会社の歴史にまつわるコンテンツ

を、配布対象の人達と共有することに意味があります。そして、代表者が社史に関与してくる以上は、社員に夢を語り、それを実現することの意義と方途を明らかにする必要があるでしょう。

　社員は、その向こう側にある会社の将来像を思い描いて、それを経営者と共有し、ともに目指そうとするなら、会社は間違いなく成長してゆくでしょう。

　社史は、現在と過去のためではなく、よりよい未来を築くために出版されるものです。そうでなければ、単なるエピソード集にしかなりません。社史という媒体の中に、社員のやりがい、生き甲斐を促し、会社と共に成長してくれるような将来像を描きたいものです。

　「第6章　我が社の歴史」の最後には「Ｅ：今後について」という項目があり、これからのことを聞いています。歴史の延長線である「今後の我が社」について、力強く語っていただきたいと思います。

　これから作られる社史が、貴社のよりよい発展に資すると共に、意識の共有や夢の共有につながることを、願っています。

第3章
我が社の年表

平成社史

※実質 GDP 成長率は、世界銀行の WEB サイトを参照（2018 年 3 月 1 日時点）

出来事年表 ●平成元年 (1989)

日本と世界の主な出来事

1 昭和天皇崩御、皇太子明仁親王が新天皇に即位、新元号は平成と決定
2 リクルート社の江副前会長らが贈賄容疑で逮捕
昭和天皇の大喪の礼、164カ国28国際機関の代表が参列
4 竹下登首相がリクルート社からの資金提供や暴力団介入疑惑の責任をとって、辞任を表明
6 天安門広場を軍の戦車で武力制圧、群衆に発砲し多数が死傷（天安門事件）
7 参議院選挙で、社会党大躍進。自民党は過半数に届かず
8 わいせつ容疑で逮捕された宮崎勤が幼女殺害自供
10 米サンフランシスコで大地震発生（M7.1）、橋や高速道路が大被害を受け、死者62人
11 「ベルリンの壁」崩壊
神奈川県警が横浜の坂本弁護士一家3人の行方不明事件を公開捜査
総評が解散し、「連合」が発足
12 米・ソ首脳会談で東西冷戦終結を宣言（マルタ会談）
ルーマニアで反政府デモ、政権崩壊。25日、チャウシェスク大統領夫妻処刑

経済・経営関係

2 金融機関、土曜日を完全に休日とする
4 消費税（税率3%）開始
9 日米構造協議開始

流行・風俗関係

2 漫画家・手塚治虫氏死去。享年60
弥生時代の大集落が佐賀県吉野ヶ里で確認。ブームに
4 仙台市が東北初の政令指定都市に移行
横浜アリーナ開業
任天堂「ゲームボーイ」発売
6 歌謡界の女王・美空ひばり、肺炎で死去。享年52
9 横綱・千代の富士が国民栄誉賞受賞

実質GDP成長率	総理大臣
5.4%	竹下登、宇野宗佑、海部俊樹

第 3 章　我が社の年表

経営全般、創業家関係、他

営業、販売促進、店舗、新商品、他

製品、工場、技術、研究開発、他

人事、総務、経理関係、研修、他

●平成2年（1990）

日本と世界の主な出来事

1 大学入試センター試験を導入・実施
「天皇に戦争責任あり」と発言した本島等長崎市長が右翼団体員に拳銃で撃たれ、重傷
3 ソ連に大統領制。初代大統領にゴルバチョフ就任
5 社会党、党大会でマルクス・レーニン主義に訣別の方針を採択
6 礼宮さまと川嶋紀子さまとの結婚の儀。秋篠宮家を創立
運転免許取得者6000万人突破（警視庁）
8 イラク軍がクウェート侵攻
阪大医学倫理委員会が脳死者からの臓器移植を条件付きで承認

10 国勢調査実施、人口1億2361万1541人
東西ドイツ統一
ゴルバチョフ大統領がノーベル平和賞受賞決定
11 即位の礼で天皇陛下が即位を宣言
議会開設100年記念式典挙行
12 秋山豊寛、ソユーズTM11号で日本人初の宇宙飛行
※この年、海外渡航者数1000万人突破

経済・経営関係

3 夕張炭鉱、閉山
4 三井、太陽神戸銀行が合併、太陽神戸三井銀行に

10 日経平均株価が3年7カ月ぶりに2万円を割る
11 9月の景気先行指数が27.3％と、景気の分かれ目である50％を大きく割り込んだと経企庁が発表

流行・風俗関係

4 国際花と緑の博覧会（花の万博）が大阪・鶴見区の会場で開幕
7 世界最大級の水族館「海遊館」が大阪に誕生

11 大相撲九州場所、横綱・千代の富士が31度目の優勝。幕内通算804勝で北の湖と並んで史上1位

実質GDP成長率	総理大臣
5.6%	**海部俊樹**

経営全般、創業家関係、他

営業、販売促進、店舗、新商品、他

製品、工場、技術、研究開発、他

人事、総務、経理関係、研修、他

●平成3年（1991）

日本と世界の主な出来事

1 米を中心とした多国籍軍がイラクへの空爆開始
2 皇太子さま、立太子の礼
  多国籍軍勝利で湾岸戦争終結
3 東京都庁落成式。4/1開庁
  福井県敦賀市の高速増殖原型炉「もんじゅ」ナトリウム受入れ開始
5 ユーゴスラビアのクロアチアでセルビア人とクロアチア人が衝突、内戦に突入

5 育児休業法公布（翌年4/1施行）
  雲仙・普賢岳で大規模火砕流発生
6 南アフリカ共和国、アパルトヘイト政策廃止
  東北・上越新幹線が上野－東京間で開業
  全ての小学校の教科書に「日の丸が国旗」「君が代が国歌」と掲載
7 ソ連邦ロシア共和国初の大統領にエリツィン氏就任
12 日本骨髄バンク発足
  ソ連最高会議でソ連邦消滅が確認される

経済・経営関係

4 牛肉・オレンジ輸入自由化
5 経団連、コメ市場の早期解放を促す決議を採択
6 日米半導体交渉で、日本における外国製半導体の市場占有率20％指標を明記

7 イトマンの河村良彦前社長、伊藤寿永光前常務、許永中氏らを特別背任等の疑いで逮捕
9 景気拡大が続き、経済企画庁が「いざなぎ景気」超えたと発表
12 日銀公定歩合0.5％引き下げで4.5％に

流行・風俗関係

4 佐賀県吉野ヶ里遺跡が国の特別史跡に
5 横綱・千代の富士引退

6 1998年冬季オリンピック開催地が長野市に決定

実質GDP成長率	総理大臣
3.3%	海部俊樹、宮沢喜一

経営全般、創業家関係、他

営業、販売促進、店舗、新商品、他

製品、工場、技術、研究開発、他

人事、総務、経理関係、研修、他

●平成4年（1992）

日本と世界の主な出来事

2 世界のエイズ感染者が約45万人とWHOが「エイズ・リポート」で発表

4 米・ロサンゼルス市で白人警官による黒人暴行事件無罪をきっかけに黒人が暴動を起こす

6 PKO協力法と国際緊急援助隊派遣法改正が成立

7 政府が従軍慰安婦問題で国の直接関与を認める

8 金丸信自民党副総裁が佐川急便からの献金受領を認め辞意表明

9 毛利衛氏搭乗のスペースシャトル「エンデバー」打ち上げ

10 米・ルイジアナ州で留学中の日本人男子高校生が訪問先の家を間違え、家人に射殺される

天皇皇后両陛下が初の中国訪問

11 米大統領選挙でビル・クリントン候補が当選

12 自民党竹下派が分裂、羽田派が発足

経済・経営関係

2 佐川マネー疑惑で強制捜査、渡辺広康社長ら逮捕

3 日経平均株価終値が約5年ぶりに2万円を割る

6 金融制度改革法公布

9 ジョージ・ソロス氏がポンド売りを浴びせ、英ポンドが急落。欧州通貨危機に

10 都市銀行21行の不良債権が12兆3000億円と大蔵省が発表

流行・風俗関係

2 アルベールビル冬季オリンピック開幕。ノルディック複合団体で日本チームが金メダル。フィギュア女子では伊藤みどりが銀メダル

3 東海道新幹線に「のぞみ」登場。東京ー新大阪間が2時間半に

7 山形新幹線が東京ー山形間で開業

バルセロナオリンピック開幕。女子200m平泳ぎで岩崎恭子がオリンピック新で金メダル。柔道も吉田秀彦、古賀稔彦が金メダル

実質GDP成長率	総理大臣
0.8%	宮沢喜一

第 3 章　我が社の年表

経営全般、創業家関係、他

営業、販売促進、店舗、新商品、他

製品、工場、技術、研究開発、他

人事、総務、経理関係、研修、他

●平成5年 (1993)

日本と世界の主な出来事

1 皇太子妃が小和田雅子さまに決定
3 金丸信元自民党副総裁を脱税容疑で逮捕
4 国連選挙監視ボランティアの中田厚仁氏がカンボジアで武装集団に銃撃され死亡。PKOで初の日本人犠牲者
5 日本人文民警察官の高田晴行警部補がカンボジアで武装集団に襲われ死亡
6 皇太子さまと小和田雅子さまの結婚の儀
  宮沢内閣不信任案可決、衆議院解散
  新党さきがけ結成、代表に武村正義氏
  新生党結成。代表に羽田孜氏、代表幹事に小沢一郎氏

7 第19回主要先進国首脳会議(東京サミット)開催
  北海道南西沖にM7.8の地震発生。津波が奥尻島を直撃。死者176人、行方不明68人
  第40回総選挙で自民党過半数割れ。社会党半減
8 衆議院議長に土井たか子社会党元委員長選出。初の女性議長
9 冷害でコメの作況指数戦後最悪。政府は緊急輸入決定
11 冷害・台風による農作物の被害が戦後最悪の1兆2120億円と農水省が発表
  環境基本法公布
12 病気療養中の田中角栄元首相が死去

経済・経営関係

1 世界最大の単一市場ECが発足

6 ゼネコン汚職で石井亨仙台市長を収賄容疑、大手建設会社役員らを贈賄容疑で逮捕

流行・風俗関係

5 初のプロサッカーJリーグ開幕
8 「レインボーブリッジ」開通
9 プロ野球でこの年のオフからフリーエージェント(FA)制導入

12 屋久島、白神山地、法隆寺地区の仏教建造物、姫路城が世界遺産登録

実質GDP成長率	総理大臣
0.2%	宮沢喜一、細川護熙

経営全般、創業家関係、他

営業、販売促進、店舗、新商品、他

製品、工場、技術、研究開発、他

人事、総務、経理関係、研修、他

● 平成6年（1994）

日本と世界の主な出来事

1 EEA（欧州経済地域）発足
3 元建設相・中村喜四郎代議士を斡旋収賄容疑で逮捕
　江崎グリコの江崎勝久社長誘拐事件の時効成立
4 高速増殖炉「もんじゅ」初臨界
　細川護熙首相が辞意表明
　中華航空機が名古屋空港で着陸に失敗、炎上。乗客264人死亡
6 製造物責任（PL）法成立、7/1公布（1995/7/1施行）
　長野県松本市の住宅街で有毒ガス・サリン散布、死者7人。のちにオウム真理教の犯行と判明

7 日本女性初の宇宙飛行士・向井千秋氏が搭乗したスペースシャトル「コロンビア」打ち上げ
　朝鮮民主主義人民共和国の金日成主席死去
8 各地で41年ぶりの猛暑が続き、水不足深刻化
　神戸市内で福徳銀行神戸支店の現金輸送車が襲われ、5億4100万円強奪される
10 北海道東方沖（太平洋）地震発生（M7.9）
12 三陸はるか沖地震発生（M7.5）

経済・経営関係

3 通産相、13年ぶりに対米自動車輸出自主規制撤廃を発表

6 ニューヨーク外国為替市場で一時1ドル＝99円85銭を記録。戦後初の100円割れ

流行・風俗関係

2 リレハンメル冬季オリンピック開幕
5 アイルトン・セナがサンマリノグランプリで事故死
5 英仏海峡トンネル開通
8 ビートたけし氏が飲酒運転。路上で転倒、頭部骨折

9 関西国際空港開港
　イチロー選手がシーズン最多の192安打でプロ野球新記録。
10 作家の大江健三郎がノーベル文学賞受賞
12 金閣寺など京都の文化財が世界遺産に登録

実質GDP成長率	総理大臣
0.9%	**細川護熙、羽田孜、村山富市**

第3章　我が社の年表

経営全般、創業家関係、他

営業、販売促進、店舗、新商品、他

製品、工場、技術、研究開発、他

人事、総務、経理関係、研修、他

●平成7年 (1995)

日本と世界の主な出来事

1 阪神・淡路大震災発生 (M7.3)。
 死者6400人以上、家屋損壊約
 25万戸
3 地下鉄サリン事件発生。死者
 12人、重軽傷5500人以上
 警視庁がオウム真理教の施設
 を強制捜査、この後教団幹部
 を多数逮捕
5 オウム真理教の麻原彰晃代表
 を殺人容疑で逮捕
 ベトナム、ASEANに正式加盟

9 沖縄で女子小学生が米海兵隊
 員ら3人に暴行される。米軍は
 起訴前の引き渡しを拒否
10 国勢調査：人口1億2557万
 246人、男性6157万4398人、
 女性6399万5848人
 東京地裁がオウム真理教に解
 散命令
12 東京協和、安全両信組の不正融
 資にからみ、東京地検が山口敏
 夫元労相を背任容疑で逮捕
 動燃高速増殖炉「もんじゅ」に
 てナトリウムが漏れ運転中止

経済・経営関係

1 世界貿易機関 (WTO) 発足
9 国土庁が7/1現在の基準地価
 を発表、4年連続下落
 大和銀行ニューヨーク支店で
 行員が投資に失敗。11億ドル
 の損失を出した不祥事を公表

11 アジア太平洋経済協力会議
 (APEC) 大阪会議開幕

流行・風俗関係

4 東京および大阪の知事選で、
 タレント出身の青島幸男氏、
 横山ノック氏が当選
7 青森〜鹿児島間で高速道路全
 通 (全長2150km)

11 無人運転の新交通「ゆりかも
 め」開業 (新橋−有明間)
 米・大リーグのドジャースに
 入団した野茂英雄投手、13勝
 6敗でナ・リーグの新人王に
 米マイクロソフト「Windows95」
 日本語版発売
12 白川郷と五箇山の合掌造り集
 落が世界遺産登録

実質GDP成長率	総理大臣
2.7%	**村山富市**

経営全般、創業家関係、他

営業、販売促進、店舗、新商品、他

製品、工場、技術、研究開発、他

人事、総務、経理関係、研修、他

● 平成 8 年 (1996)

日本と世界の主な出来事

1 若田光一宇宙飛行士ら乗船の
スペースシャトル「エンデ
バー」打ち上げ
社会党が党名を「社民党（社会
民主党）」に変える
2 非加熱製剤でエイズウイルス
（HIV）に感染した血友病患者
に菅直人厚相が初めて公式に
謝罪
7 堺市の小学校でのO-157集団
食中毒により6031人もの患者
が発生
8 非加熱の輸入血液製剤による
HIV感染死問題で、前帝京大
副学長を逮捕。9月に製薬会社
ミドリ十字の元・現社長、10
月に元厚生省生物製剤課長ら
を逮捕

9 米軍基地の整理縮小と日米地
位協定の見直しの賛否を問う
沖縄の県民投票で賛成票80%
以上
民主党結成、代表に鳩山由紀
夫、菅直人
10 第41回総選挙（初の小選挙区
比例代表並立制）、自民復調
12 ペルーの首都リマの日本大使公
邸を革命派ゲリラが襲撃

経済・経営関係

1 ダイエーなど元日営業を開始
4 東京銀行・三菱銀行が合併、
東京三菱銀行発足

11 大蔵省が経営破綻の阪和銀行
に業務停止命令

流行・風俗関係

2 将棋の羽生善治名人が史上初
の7冠王
5 2002年のサッカーW杯は日
韓の共同開催と決定
7 アトランタオリンピック開幕。
日本は金3個、銀6個、銅5個

9 米大リーグの野茂英雄投手が
ノーヒット・ノーラン達成
12 広島原爆ドーム、厳島神社が
世界文化遺産に登録

実質GDP成長率	総理大臣
3.1%	村山富市、橋本龍太郎

経営全般、創業家関係、他

営業、販売促進、店舗、新商品、他

製品、工場、技術、研究開発、他

人事、総務、経理関係、研修、他

●平成9年（1997）

日本と世界の主な出来事

1 隠岐島沖で露のタンカー沈没、流出重油が日本海沿岸に漂着、大規模汚染に
2 英でクローン羊誕生を公表
3 動燃東海事業所の再処理工場で爆発
4 消費税5%に引き上げ実施
　容器包装リサイクル法施行
　ペルーの日本大使公邸に特殊部隊が突入、71人の人質救出、人質1人死亡、ゲリラ全員を射殺
6 環境アセスメント法公布

6 「脳死は人の死」とする臓器移植法が成立
7 香港が中国に返還
9 日米安全保障協議委員会、「日米防衛協力のための指針」(ガイドライン) に合意
11 エジプト・ルクソール遺跡でイスラム過激派が銃を乱射、日本人を含む観光客約60人を殺害
12 温暖化防止京都会議開催
　介護保険法公布 (2000/4/1施行)
　韓国大統領選で金大中が当選

経済・経営関係

3 大手証券などが総会屋への利益供与を認め、東京地検が捜査
4 日産生命が業務停止、生保の経営破綻は初めて
6 独占禁止法改正公布 (12/17施行)、持ち株会社の設立を原則自由化

7 タイを中心にアジア諸国の通貨が下落 (アジア通貨危機)
11 北海道拓殖銀行が経営破綻。都銀として戦後初めて
　山一證券が自主廃業を決定

流行・風俗関係

2 大阪西区に大阪ドーム完成
8 大阪モノレール大阪空港－門真市間が全面開通
　ダイアナ元英皇太子妃がパリで交通事故死
9 日本最大級の規模の京都駅ビルが全面開業

11 サッカー W 杯フランス大会アジア地区決定戦で日本がイランを破り初の大会出場決める
12 トヨタがハイブリッド乗用車「プリウス」を発売

実質GDP成長率	総理大臣
1.1%	橋本龍太郎

第 3 章　我が社の年表

経営全般、創業家関係、他

営業、販売促進、店舗、新商品、他

製品、工場、技術、研究開発、他

人事、総務、経理関係、研修、他

●平成10年（1998）

日本と世界の主な出来事

5 インドネシアの暴動でスハルト大統領が辞任
インドが地下核実験
6 1府22省庁を1府12省庁に改編する中央省庁等改革基本法公布
8 北朝鮮がミサイル発射、三陸沖の太平洋に着弾した可能性があると防衛庁が発表

9 防衛庁調達本部と東洋通信機の関係者3名を不正取引容疑で逮捕
10 和歌山毒入りカレー事件で林真須美氏を殺人未遂と詐欺で逮捕
11 沖縄県知事選で米軍普天間基地の県内移設を公約にかかげる稲嶺恵一氏が当選

経済・経営関係

1 銀行の不良債権約76兆円と大蔵省が公表
4 改正外為法施行
5 独・ダイムラー・ベンツと米・クライスラーが合併を発表

6 金融監督庁発足
9 スカイマークエアラインズ運航開始
10 日本長期信用銀行を一時国有化
12 金融システム改革法施行

流行・風俗関係

2 長野冬季オリンピック開幕
4 日本たばこ産業がテレビ・ラジオでの銘柄CM取り止め
明石海峡大橋が開通
6 サッカーW杯フランス大会開幕、初出場の日本は1次リーグ3戦全敗
7 マイクロソフト「Windows98」日本語版発売

8 第80回全国高校野球大会で横浜高校の松坂大輔投手が決勝戦でノーヒット・ノーラン
9 米・大リーグ、カージナルスのマグワイアー選手が本塁打62本を打ち新記録樹立
12 東大寺、興福寺などからなる古都奈良の文化財が世界遺産登録

実質GDP成長率	総理大臣
－1.1%	橋本龍太郎、小渕恵三

経営全般、創業家関係、他

営業、販売促進、店舗、新商品、他

製品、工場、技術、研究開発、他

人事、総務、経理関係、研修、他

●平成11年 (1999)

日本と世界の主な出来事

3 NATO軍、ユーゴスラビアを空爆

4 改正男女雇用機会均等法施行
東京都知事選挙で石原慎太郎氏が当選

5 情報公開法公布、2001/4/1施行

8 国旗及び国歌に関する法律（国旗国歌法）成立
通信傍受法、改正住民基本台帳法成立
トルコ西部でM7.4の大地震発生。死者1万7000人以上

9 台湾中部でM7.7の大地震発生。死者2000人以上
茨城県東海村のJCO東海事業所で初の臨界事故発生

12 オウム真理教対策を念頭に置いた団体規制法が成立
ポルトガル統治のマカオが中国に返還
コンピュータ2000年問題で官庁・企業等が警戒

※この年、世界人口が60億人突破

経済・経営関係

1 欧州連合（EU）のうち11か国が単一通貨・ユーロを導入
ダイエーの会長兼社長の中内㓛氏が経営不振で退任

2 金融再生委が大手銀行など15行に総額7兆4500億円の公的資金投入を承認
日本銀行が初めてゼロ金利政策を導入

3 日産自動車と仏ルノーが戦略的提携を発表

7 NTTが3事業会社に分割・再編、純粋持株会社に

8 産業活力再生特別措置法・租税特別措置法成立
第一勧業、富士、日本興業の3銀行が2002年をめどとした統合を発表

11 東証のベンチャー企業向け株式新市場「マザーズ」開設

流行・風俗関係

2 NTTドコモが「iモード」の通信サービス開始

6 SONYの犬型ロボット「AIBO」、発売後20分で完売

12 山形新幹線が山形－新庄間まで延長

実質GDP成長率	総理大臣
－ 0.3%	小渕恵三

第3章　我が社の年表

経営全般、創業家関係、他

営業、販売促進、店舗、新商品、他

製品、工場、技術、研究開発、他

人事、総務、経理関係、研修、他

●平成12年（2000）

日本と世界の主な出来事

1 遺伝子組み替え生物等に関する、初の国際取引規制「生物多様性条約カルタヘナ議定書」が採択
2 薬害エイズ事件、ミドリ十字歴代3社長に実刑判決
3 露大統領選でプーチン氏が当選
4 介護保険制度スタート
容器包装リサイクル法完全施行
民事再生法施行

4 米セレーラ・ジェノミクスが、ヒトゲノムの一次解析終了を発表
5 ストーカー規制法公布　　12
米大統領選でブッシュ候補の当選確定
12 米大統領選でブッシュ候補の当選確定

経済・経営関係

6 雪印乳業食中毒事件。低脂肪乳などの食中毒被害が1万3420人に
7 金融庁発足
そごう倒産、民事再生法を申請。負債1兆8700億円
8 ブリヂストン米子会社、タイヤ650万本リコール

9 大阪地裁、大和銀行ニューヨーク支店巨額損失事件の株主代表訴訟で829億円支払い命令
雪印、人員約1300人削減を含む再建計画を発表
三菱自動車、ダイムラー・クライスラーと乗用車分野における資本・業務提携
11 ITバブル崩壊による「IT不況」が始まる

流行・風俗関係

7 西暦2000年と九州・沖縄サミットを記念して2000円札発行
9 シドニーオリンピック開幕。女子柔道の田村亮子、女子マラソンの高橋尚子らが金

10 白川英樹氏が導電性プラスチック開発でノーベル化学賞受賞決定
11 首里城など琉球王国のグスク群が世界遺産に登録

実質GDP成長率	総理大臣
2.8%	小渕恵三、森喜朗

第 3 章　我が社の年表

経営全般、創業家関係、他

営業、販売促進、店舗、新商品、他

製品、工場、技術、研究開発、他

人事、総務、経理関係、研修、他

●平成13年（2001）

日本と世界の主な出来事

1 中央省庁再編、1府12省庁制へ
2 宇和島水産高校実習船「えひめ丸」がハワイ沖で米原潜と衝突、沈没
4 家電リサイクル法施行、JAS法完全適用
　情報公開法施行
　公共事業の民営化などの構造改革を掲げた小泉内閣成立
5 熊本地裁、ハンセン病訴訟で国の責任認める
6 大阪教育大附属池田小児童殺傷事件、8人死亡

9 BSE（狂牛病）感染の牛が国内で初めて発見される
　米で同時多発テロ発生、ニューヨークの世界貿易センタービル崩壊
10 米、同時多発テロの報復としてアフガニスタン攻撃開始
　狂牛病対策としてと畜場でと畜解体される牛の全頭検査開始
　テロ対策特別措置法公布。自衛艦をインド洋へ派遣
12 皇太子妃雅子さま、敬宮愛子さまを出産

経済・経営関係

3 日本政府、緩やかなデフレ状態にあることを認める
　日本銀行、初の量的緩和に踏み切る
4 UFJ、三菱東京、三井住友銀行発足。みずほグループと併せて4大メガバンクに
　三菱自動車、ダイムラークライスラーと全面提携

9 大手スーパーのマイカル、民事再生法の適用を申請
11 東京証券取引所が株式会社に組織変更
12 米エネルギー大手エンロン経営破綻。不正会計・取引の発覚が影響
　中国がWTO（世界貿易機関）に正式加盟

流行・風俗関係

3 大阪市此花区に米映画のテーマパークUSJ開園
　サッカーくじ「toto」販売開始
9 東京ディズニーシー開園

10 有用物質を高効率に合成する技術で野依良治がノーベル化学賞受賞決定

実質GDP成長率	総理大臣
0.4%	**森喜朗、小泉純一郎**

第 3 章　我が社の年表

経営全般、創業家関係、他

営業、販売促進、店舗、新商品、他

製品、工場、技術、研究開発、他

人事、総務、経理関係、研修、他

●平成14年（2002）

日本と世界の主な出来事

4 学校が完全週休2日制に
8 住基ネット（住民基本台帳ネットワークシステム）稼働
　BSE対策の国産牛肉買い取り制度で日本ハムの業界団体による不正が判明
　東京電力の原発のトラブル隠し判明。修理記録の改ざんや虚為記載など29件
9 小泉純一郎首相が訪朝、日朝首脳会談。後に「日朝平壌宣言」を署名
10 日本人拉致被害者5名一時帰国
　モスクワの劇場にチェチェン勢力が立てこもり、人質100名以上が犠牲に
11 国連安保理がイラクに対して大量破壊兵器の査察・受入れを要求する決議を全会一致で承認
12 米英軍などの対テロ作戦の後方支援のため、政府が海上自衛隊のイージス艦をインド洋に派遣

経済・経営関係

1 欧州単一通貨「ユーロ」の流通開始
　台湾がWTOに正式加盟
　アルゼンチン、IMF融資債務不履行に
　三洋電機、中ハイアールと提携
　三和・東海銀行合併でUFJ銀行スタート
　2008年上期まで長期にわたり「実感なき景気回復」が始まる
2 政府、総合デフレ対策決定
5 トヨタ自動車決算発表で2002年3月期経常利益が1兆円を突破
　経団連・日経連合併、日本経済団体連合会に
7 米通信大手ワールドコム、粉飾決算により経営破綻

流行・風俗関係

2 ソルトレークシティ冬季オリンピック開幕
5 日韓共催のサッカーW杯が開幕
10 小柴昌俊氏がノーベル物理学賞、田中耕一氏がノーベル化学賞受賞決定

実質GDP成長率	総理大臣
0.1%	小泉純一郎

第3章　我が社の年表

経営全般、創業家関係、他

営業、販売促進、店舗、新商品、他

製品、工場、技術、研究開発、他

人事、総務、経理関係、研修、他

●平成15年（2003）

日本と世界の主な出来事

3 米英軍などがイラクを攻撃開始。5月に終結宣言も、大量破壊兵器発見されず
5 個人情報保護関連5法成立
6 武力攻撃事態法など有事法制関連3法成立
7 WHO、新型肺炎（SARS）の終息宣言

10 佐渡の日本産トキ「キン」が死に、日本産のトキ全滅
日本道路公団の藤井総裁が、債務超過の財務諸表発見に伴う対応問題により解任
11 霞ヶ浦でコイヘルペスによるコイの大量死発生
イラクで日本大使館の車が襲撃され日本人外交官2人殺害
12 米で狂牛病（BSE）が発生し、米産牛肉輸入が停止に

経済・経営関係

3 大和銀行とあさひ銀行が合併してりそな銀行と埼玉りそな銀行発足
4 日本鋼管、川崎製鉄合併、JFEスチール誕生
日本郵政公社発足
日経平均株価、バブル崩壊後最安値の7603円を記録

11 足利銀行に公的資金投入決定、一時国有化

流行・風俗関係

9 阪神タイガース、18年ぶりにリーグ優勝
10 東海道新幹線品川駅が開業

11 JR西日本でICOCA運用開始
12 関東・近畿・中京で地上デジタル放送開始

実質GDP成長率	総理大臣
1.5%	小泉純一郎

第 3 章　我が社の年表

経営全般、創業家関係、他

営業、販売促進、店舗、新商品、他

製品、工場、技術、研究開発、他

人事、総務、経理関係、研修、他

●平成16年（2004）

日本と世界の主な出来事

1 米航空宇宙局火星探査車スピ
　リットが火星着陸
　陸上自衛隊イラク派遣部隊サ
　マワ到着
3 スペイン・マドリードで列車
　同時爆破テロ。190人以上が
　死亡
4 3邦人イラクで武装組織に拘束
　される（4/15解放）
5 小泉純一郎首相再訪朝で拉致
　被害者家族5人帰国
　裁判員制度法公布
8 美浜原発3号機で配管破裂事故
　発生。死亡5人
9 インドネシア・ジャカルタで
　テロ事件発生

9 ロシア南部の北オセチア共和
　国で学校占拠によるテロ事件
　発生
10 新潟県中越地震発生（M6.8）。
　68人死亡、負傷者約4800人
　以上
11 改正道路交通法施行、運転中
　の携帯電話使用に罰則
　ジョージ・W・ブッシュ米大
　統領が再選
12 インドネシア・スマトラ島沖
　で地震発生（M9超）。周辺国
　の海岸に大津波発生
※この年、6～10月の間に10個の
　台風が上陸。各地で甚大な被害

経済・経営関係

11 20年ぶりに1万円、5000円、
　1000円の新札発行

流行・風俗関係

8 アテネオリンピック開幕。日
　本は37個のメダル獲得

11 プロ野球で50年ぶりに新球団、
　東北楽天ゴールデンイーグル
　ス誕生

実質GDP成長率	総理大臣
2.2%	小泉純一郎

第 3 章　我が社の年表

経営全般、創業家関係、他

営業、販売促進、店舗、新商品、他

製品、工場、技術、研究開発、他

人事、総務、経理関係、研修、他

●平成17年（2005）

日本と世界の主な出来事

2 地球温暖化の原因となる温室
効果ガス削減のための京都議
定書発効
H-ⅡAロケット7号機打ち上げ
成功
4 個人情報保護法（個人情報の保
護に関する法律）施行
ペイオフ全面解禁
JR宝塚線（福知山線）の塚口
～尼崎駅間で電車脱線事故。
死者107人
7 ロンドンの地下鉄・バスで同
時多発テロ発生
8 米南部にハリケーン・カトリー
ナ上陸。死者1800人以上の大
被害をもたらす

9 衆議院解散総選挙で小泉自民
党圧勝。単独過半数の296議
席を獲得
10 道路公団が分割民営化。高速
道路会社6社が発足
パキスタンでM7.6の大地震発
生。死者7万人以上
11 紀宮清子内親王ご結婚
姉歯秀次建築設計事務所に絡
むマンションやホテルの耐震
強度偽装発覚
12 総務省、日本の人口が初の自
然減と発表

経済・経営関係

7 2005年経済白書「バブル後と
呼ばれた時期を確実に抜け出
した」
中国通貨・人民元の為替レー
ト2%切り上げ、対ドル固定相
場制変更

流行・風俗関係

2 愛知県常滑市に成田、関空に
次ぐ3番目の国際空港となる中
部国際空港が開港

3 愛・地球博（愛知万博）、名古
屋東部丘陵にて開幕
5 プロ野球で初のセ・パ交流戦
が行われる

実質GDP成長率	総理大臣
1.7%	**小泉純一郎**

第 3 章　我が社の年表

経営全般、創業家関係、他

営業、販売促進、店舗、新商品、他

製品、工場、技術、研究開発、他

人事、総務、経理関係、研修、他

●平成18年（2006）

日本と世界の主な出来事

1 日本郵政株式会社発足
4 耐震強度偽装問題で姉歯元建築士らを逮捕
  竹島周辺の海洋調査などを巡って日韓関係が緊張
6 改正容器包装リサイクル法成立（2007/4施行）

7 北朝鮮が弾道ミサイル発射
9 秋篠宮家に第3子、悠仁親王誕生
10 携帯電話番号ポータビリティ制度開始

経済・経営関係

1 ライブドアの堀江貴文社長、証券取引法違反で逮捕
3 日銀が「量的緩和政策」解除
5 会社法施行
7 日銀がゼロ金利政策を5年4カ月ぶりに解除

11 2002年2月からの景気拡大局面が58カ月連続となり、「いざなぎ景気」超え。政府は戦後最長を更新と発表

流行・風俗関係

2 イタリア・トリノ冬季オリンピック開幕
  関西国際空港、大阪国際空港とあわせて関西三空港の一つを担う神戸空港が開港

3 日本が初代ワールド・ベースボール・クラシック優勝国に
6 サッカーW杯ドイツ大会開幕。日本は予選敗退

実質GDP成長率	総理大臣
1.4%	小泉純一郎、安倍晋三

第 3 章　我が社の年表

経営全般、創業家関係、他

営業、販売促進、店舗、新商品、他

製品、工場、技術、研究開発、他

人事、総務、経理関係、研修、他

●平成19年 (2007)

日本と世界の主な出来事

1 インドネシア・スラウェシ島付近でボーイング737の墜落事故発生
防衛庁が内閣府の外局から独立し、防衛省発足
宮崎県の養鶏場で大量のニワトリが急死。以後、鳥インフルエンザが宮崎県で拡大
宮崎県知事選挙で元タレントのそのまんま東氏 (東国原英夫) が初当選
3 住宅金融公庫廃止。4/1より独立行政法人住宅金融支援機構に

5 改正祝日法により、5/4が「みどりの日」に
9 日本の月探査衛星「かぐや」打ち上げに成功
10 郵政民営化に伴い日本郵政公社が解散。日本郵政株式会社を持株会社として、郵便事業株式会社ほか全5社発足
11 75歳以上の推計人口が1276万人となり、初めて全人口の1割を超える

経済・経営関係

3 イオンと経営再建中のダイエーおよび丸紅が資本・業務提携で正式に合意
大丸と松坂屋が経営統合を発表
国土交通省発表の公示地価の全国平均が1991年以来16年ぶりに上昇
伊勢丹と東急百貨店が業務提携

5 トヨタ自動車の2007年3月期決算で、売上高と営業利益が過去最高を更新。営業利益が2兆円を超えたのは、日本企業初
6 英会話学校NOVAに業務停止命令

流行・風俗関係

3 東京都港区赤坂の旧防衛庁跡地に東京ミッドタウン開業
4 セブン＆アイ・ホールディングスが流通系で初の電子マネー「nanako (ナナコ)」導入
イオンが電子マネー「WAON (ワオン)」の取り扱い開始

7 島根県の石見銀山が世界遺産に登録
8 関西国際空港の2本目の滑走路が供用開始。24時間空港に

実質GDP成長率	総理大臣
1.7%	安倍晋三、福田康夫

経営全般、創業家関係、他

営業、販売促進、店舗、新商品、他

製品、工場、技術、研究開発、他

人事、総務、経理関係、研修、他

●平成20年（2008）

日本と世界の主な出来事

1 温室効果ガスの削減を義務づけた京都議定書の約束期間開始
弁護士でタレントの橋下徹氏が大阪府知事選で初当選
ジェイティフーズが輸入した中国製冷凍ギョーザから農薬検出
3 土井隆雄飛行士らが搭乗したスペースシャトル「エンデバー号」によって日本の宇宙実験棟「きぼう」第1便の打ち上げ成功
4 後期高齢者医療制度開始。75歳以上が対象
5 中国・四川省で大地震発生（M8.0）

6 東京・秋葉原で無差別殺傷事件。7人死亡
7 北海道洞爺湖サミット開催
9 「三笠フーズ」が事故米を食用と偽り転売し全国に流通させた
11 米大統領選で民主党のバラク・オバマ上院議員が当選。史上初のアフリカ系（黒人）大統領誕生
12 非正規労働者8万5000人が10月から翌年3月までに職を失うと厚労省集計。新卒内定取り消しは769人に

経済・経営関係

1 日本製紙、再生紙の古紙配合率偽装発覚
4 「三越伊勢丹ホールディングス」誕生
5 高級料亭・船場吉兆が食べ残しの使い回しなどが発覚して廃業
9 米・証券会社リーマン・ブラザーズ破綻

10 松下電器産業が社名をパナソニックと変更
12 ホンダが自動車レースF1から撤退を発表
FRB、量的緩和策（11月）に続き、ゼロ金利政策（12月）を開始

流行・風俗関係

7 米・アップル社の携帯電話アイフォーン(iPhone™)、日本で発売
8 北京オリンピック開幕。史上最多の204カ国・地域から参加、日本選手は金メダル9個獲得

9 イチローが8年連続200本安打達成。史上2人目
10 ノーベル賞を4人の日本人が受賞

実質GDP成長率	総理大臣
− 1.1%	福田康夫、麻生太郎

経営全般、創業家関係、他

営業、販売促進、店舗、新商品、他

製品、工場、技術、研究開発、他

人事、総務、経理関係、研修、他

●平成21年（2009）

日本と世界の主な出来事

3 定額給付金の支給開始
5 新型インフルエンザ、国内で初確認
　裁判員制度開始
7 水俣病被害者を救済する特別措置法が成立
　若田光一宇宙飛行士、日本人初の4カ月半の宇宙滞在から帰還

8 失業率5.7%、過去最悪を更新
9 消費者庁発足
　前原誠司国交相が八ッ場ダム建設中止を表明
10 2007年の貧困率、15.7%と政府が初公表
12 郵政株売却凍結法案成立

経済・経営関係

4 米クライスラーが連邦倒産法第11章の適用を申請し経営破綻
5 トヨタが71年ぶり営業赤字
6 米GMが連邦倒産法第11章適用を申請し経営破綻
10 経営難の日航、「企業再生支援機構」に支援を要請

11 ドバイ政府系企業の債務返済延期要請でドバイ・ショック発生
　円急騰、約14年ぶり1ドル＝84円台に
12 パナソニックが三洋電機を子会社化

流行・風俗関係

3 日本がワールド・ベースボール・クラシック（WBC）連覇
　ETC搭載の普通車以下を対象に地方部、土日祝日の高速道路「上限1000円」開始
6 サッカー日本代表がW杯4大会連続出場を決める
　村上春樹の小説『1Q84』が100万部突破
7 国内で46年ぶりに皆既日食を観測

9 イチロー選手が大リーグ史上初の9年連続200安打
10 オバマ米大統領がノーベル平和賞受賞決定
11 ヤンキース松井秀喜選手、米大リーグのワールドシリーズで日本人初のMVPを獲得
12 男子ゴルフの石川遼選手が史上最年少の賞金王

実質GDP成長率	総理大臣
－5.4%	麻生太郎、鳩山由紀夫

第 3 章　我が社の年表

経営全般、創業家関係、他

営業、販売促進、店舗、新商品、他

製品、工場、技術、研究開発、他

人事、総務、経理関係、研修、他

●平成22年（2010）

日本と世界の主な出来事

1 奈良県で「平城遷都1300年祭」
  が開幕
  日本年金機構発足
5 米軍普天間基地移設問題で鳩
  山由紀夫首相が沖縄訪問
  口蹄疫が宮崎県で大流行。東
  国原知事が非常事態を宣言
  タイで反政府派のデモ隊に治
  安部隊が突入し、一部鎮圧。
  反政府派の幹部がデモ終了を
  宣言

6 小惑星探査機「はやぶさ」が地
  球に帰還
  高速道路無料化の社会実験を
  開始
7 15歳未満の子供の臓器移植を
  可能とした臓器移植法（2009
  年改正）施行
9 尖閣諸島沖で中国漁船衝突事
  件が発生
12 関西広域連合設立

経済・経営関係

1 中国とASEAN間の自由貿易
  協定発効。世界最大の貿易圏
  が誕生
  2009年の中国の自動車販売台数
  が1360万台になり、世界一に
  トヨタ自動車が米で700万台
  に及ぶ大規模リコール

  日本航空が会社更生法の適用
  を東京地裁に申請。負債総額
  は2兆3221億円。事業会社と
  して戦後最大
4 2009年の国内新車販売台数で
  トヨタ自動車「プリウス」がハ
  イブリッド車として初の首位
12 西武有楽町店が閉店

流行・風俗関係

1 ドバイに世界一の超高層ビル
  「ブルジュ・ハリファ」オープ
  ン
2 バンクーバー冬季オリンピッ
  ク開幕
6 アフリカ大陸で初のワールド
  カップ、FIFAワールドカップ
  南アフリカ大会開幕

7 成田スカイアクセス開業
10 鈴木章氏、根岸英一氏がノー
   ベル化学賞受賞決定
   東京国際空港のD滑走路、新
   国際線ターミナル供用開始
12 東北新幹線、八戸－新青森間
   開業、同線が全線開業

実質GDP成長率	総理大臣
4.2%	鳩山由紀夫、菅直人

経営全般、創業家関係、他

営業、販売促進、店舗、新商品、他

製品、工場、技術、研究開発、他

人事、総務、経理関係、研修、他

●平成23年（2011）

日本と世界の主な出来事

1 中国の2010年GDPが日本を抜き世界第2位に
　秋葉原の歩行者天国、2年7カ月ぶりに再開
　2010年の薄型テレビの出荷台数が過去最高を記録
　霧島山・新燃岳が189年ぶりにマグマ噴火。入山規制
3 東日本大震災発生（M9.0）。東京電力福島第一原子力発電所の事故発生
3 東京電力管内で、輪番停電（計画停電）実施
10 タイで未曾有の洪水被害。複数の日系企業の被害も甚大
　国連の推計で世界人口が70億人に到達
11 オウム真理教事件、全公判終了

経済・経営関係

1 前年の国内新車販売台数でトヨタ「プリウス」が「カローラ」を抜き20年ぶりに首位交代
　日産「リーフ」が電気自動車初の欧州カー・オブ・ザ・イヤー受賞
　電動アシスト自転車の2010年国内出荷台数がバイク全体（外国メーカー車除く）を上回る
3 ジャスコとサティが名称をイオンに統一
8 S&Pが初めて米国債を格下げ
10 円相場、過去最高値を更新し、1ドル75.32円に
11 オリンパス、粉飾決算が発覚

流行・風俗関係

1 タレント間寛平氏が地球一周アースマラソン完走
2 八百長問題で大相撲春場所中止を決定
　ニンテンドー3DS新発売
3 九州新幹線が博多－鹿児島中央間で全線開業
4 上野動物園で2頭のジャイアントパンダ公開開始
6 小笠原諸島がユネスコの世界自然遺産に登録決定
7 サッカー女子W杯ドイツ大会にて日本女子代表が初優勝
　地上デジタル放送に移行（岩手、宮城、福島は翌年3月）

実質GDP成長率	総理大臣
− 0.1%	菅直人、野田佳彦

第 3 章　我が社の年表

経営全般、創業家関係、他

営業、販売促進、店舗、新商品、他

製品、工場、技術、研究開発、他

人事、総務、経理関係、研修、他

●平成24年（2012）

日本と世界の主な出来事

4 金正恩氏、朝鮮労働党第1書記
に就任
5 北海道電力泊3号機定期検査入
りで、42年ぶりに原発ゼロに
7 再生可能エネルギー固定価格
買取制度開始
8 消費増税関連法が成立。2014
年に8%、2015年に10%に税
率引き上げ

9 尖閣諸島を国有化することを
閣議決定
原子力規制委員会が発足
「日本維新の会」発足
10 PC遠隔操作による誤認逮捕で
関係都府県警察が謝罪。ネッ
ト犯罪複雑化
11 中国の習近平体制発足
12 韓国大統領選で与党セヌリ党
の朴槿恵氏当選。同国初の女
性大統領誕生へ（翌年2月就任）

経済・経営関係

1 2011年の貿易収支、31年ぶ
りの赤字
2 半導体製造のエルピーダメモ
リが倒産
3 国内初のLCC「ピーチ・アビ
エーション」が就航
5 ビックカメラがコジマを買収。
家電量販店で2位に
6 東証株価指数、バブル後最安
値を更新。日経平均も終値で
8200円台

10 新日本製鐵と住友金属工業が
合併し、新日鐵住金株式会社
誕生
パナソニックが2013年3月期
の純損益が7650億円の赤字見
通しと発表
11 シャープが2013年3月期の純
損益が、4500億円の赤字見通
しと発表
三菱東京UFJ銀行が顧客情報
約560万件の紛失を発表

流行・風俗関係

5 東京スカイツリー開業
7 ロンドンオリンピック開幕。
日本は金メダル7個を含め史上
最多の計38個のメダルを獲得

10 山中伸弥教授がiPS細胞作製で
ノーベル生理学・医学賞受賞
決定
11 米Amazon.comが電子書籍端
末「Kindle」日本語版を発売

実質GDP成長率	総理大臣
1.5%	野田佳彦、安倍晋三

第 3 章　我が社の年表

経営全般、創業家関係、他

営業、販売促進、店舗、新商品、他

製品、工場、技術、研究開発、他

人事、総務、経理関係、研修、他

●平成25年（2013）

日本と世界の主な出来事

1 復興特別所得税の課税導入
　アルジェリアでイスラム武装勢力による日本人を含む人質拘束事件が発生
2 天然ニホンウナギ絶滅危惧種に
4 中国四川省でM7.0の大地震
7 参議院議員通常選挙投開票で自民党圧勝。「ねじれ国会」解消

9 新型国産ロケット「イプシロン」打ち上げ成功
10 消費税を2014年4月1日に8%への引き上げを決定
　国連総会第1委員会の「核不使用」共同声明に日本が初の賛同
11 国家安全保障会議（日本版NSC）設置法が成立
12 特定秘密保護法成立

経済・経営関係

1 東京証券取引所グループと大阪証券取引所が経営統合、日本取引所グループ発足
　日銀が物価目標2%と「無期限緩和」導入
　トヨタの2012年世界販売台数が974万台となり、首位奪還
3 安倍首相が環太平洋パートナーシップ協定（TPP）交渉参加を正式表明

4 安倍首相、アベノミクスの概要を発表
6 松坂屋銀座店が閉店
7 東京証券取引所と大阪証券取引所の株式市場を一本化
12 三井金属鉱業がイタイイタイ病被害者団体に公式謝罪

流行・風俗関係

3 第3回WBC開幕
5 出雲大社で60年ぶりに「本殿遷座祭」実施（平成の大遷宮）
　冒険家・三浦雄一郎氏が世界最高齢の80歳でエベレスト登頂
6 富士山が世界文化遺産に登録

9 2020年オリンピック開催都市に東京が選出
　JR東海がリニア中央新幹線の詳細ルートを公表
10 第62回神宮式年遷宮・遷御の儀を斎行（内宮）
11 楽天が巨人を破り初の日本一に
12 「和食；日本人の伝統的な食文化」がユネスコ無形文化遺産に

実質GDP成長率	総理大臣
2.0%	**安倍晋三**

第3章　我が社の年表

経営全般、創業家関係、他

営業、販売促進、店舗、新商品、他

製品、工場、技術、研究開発、他

人事、総務、経理関係、研修、他

●平成26年（2014）

日本と世界の主な出来事

1 理研などが「STAP細胞」作製に成功と発表（7月に撤回）

3 若田光一宇宙飛行士が国際宇宙ステーションの船長に就任

4 消費税8%に引き上げ実施
韓国旅客船セウォル号が珍島沖で沈没。死者・行方不明者計300名以上の大惨事

6 改正電気事業法成立。2016年から電力小売りが自由化

7 安倍首相が日本の集団的自衛権の行使容認を閣議決定
気象庁が台風の新たな基準を適用した特別警報を沖縄に発令

7 中国・上海の食品加工会社「上海福喜食品」で使用期限切れの鶏肉を使用した疑いが発覚

7-8 広島市北部など全国で台風や豪雨などの被害

8 WHOが西アフリカのエボラ出血熱流行について緊急事態宣言
理研は小保方晴子氏らの論文に記載された手法では「STAP細胞」を再現できないと発表

9 御嶽山噴火。死者50名以上

経済・経営関係

4 トヨタ自動車がリコール届け出。全世界639万台が対象

7 ベネッセコーポレーションから約760万件の個人情報漏洩が発覚

流行・風俗関係

2 ソチ冬季オリンピック開幕。日本は計8個のメダルを獲得

3 大阪で日本一の超高層複合ビル「あべのハルカス」全面開業
フジテレビ「笑っていいとも」が31年6カ月で放送終了

6 サッカーW杯ブラジル大会開幕。日本は予選リーグ敗退
富岡製糸場と絹産業遺産群が世界遺産に正式登録

10 赤﨑勇氏、天野浩氏、中村修二氏の3氏が青色LED開発でノーベル物理学賞受賞決定

11 日本の手漉き和紙技術がユネスコ世界無形文化遺産に登録

12 北海道新幹線の試験走行開始

実質GDP成長率	総理大臣
0.4%	安倍晋三

第 3 章　我が社の年表

経営全般、創業家関係、他

営業、販売促進、店舗、新商品、他

製品、工場、技術、研究開発、他

人事、総務、経理関係、研修、他

●平成27年 (2015)

日本と世界の主な出来事

4 軽自動車、普通自動二輪車、原動機付自転車の税金が増税
　ネパール大地震発生 (M7.8)

5 携帯端末のSIMロック解除義務化
　大阪市で「大阪都構想」についての住民投票実施、僅差で否決
　小笠原諸島西方沖で地震発生 (M8.1)

6 日本年金機構がサイバー攻撃で約125万件の個人情報流出発覚
　公職選挙法等が一部改正、公布。満18歳以上から投票可能に

7 安全保障関連法案が衆院本会議で可決。反対運動・デモ活発化

7 米とキューバが54年ぶりに正式に国交回復

10 マイナンバーの通知が始まる

11 日本郵政・かんぽ生命・ゆうちょ銀行の日本郵政グループ3社が東京証券取引所第一部に上場
　東京都渋谷区が同性カップルに「パートナーシップ証明書」発行
　パリで同時多発テロ事件発生。死者120人超

12 11年前に理研が作成に成功した113番目の元素が、国際機関 (IUPAC) に正式認定

経済・経営関係

4 日経平均株価が一時、取引時間中としてほぼ15年ぶりに2万円台を回復

5 トヨタ自動車、2014年度純利益2兆円を突破と発表

10 江崎グリコがグリコ乳業を吸収合併

11 国産初のジェット旅客機MRJが県営名古屋空港で初飛行

流行・風俗関係

1 横綱・白鵬が単独33回目の優勝決定、歴代最多優勝記録更新

3 北陸新幹線が長野－金沢間で開業

7 2015FIFA女子W杯カナダ大会で、日本が準優勝

9 2020年東京五輪組織委員会が佐野研二郎氏デザインの大会エンブレムを使用中止に

10 文部科学省の外局としてスポーツ庁発足
　大村智特別栄誉教授がノーベル生理学・医学賞、梶田隆章氏が同物理学賞受賞決定

実質GDP成長率	総理大臣
1.4%	**安倍晋三**

第3章 我が社の年表

経営全般、創業家関係、他

営業、販売促進、店舗、新商品、他

製品、工場、技術、研究開発、他

人事、総務、経理関係、研修、他

●平成28年（2016）

日本と世界の主な出来事

4 改正電気事業法施行、小売電力事業が完全自由化
　パナマ文書に掲載されている約21万法人の情報を国際調査報道ジャーナリスト連合が公開
　熊本県を中心に断続的に大規模な地震発生（M7.3）
5 伊勢志摩サミット開催
　オバマ米大統領が現役大統領として初めて広島平和記念公園を訪問
6 英国でEU離脱を問う国民投票実施。離脱派勝利

7 東京都知事選挙で小池百合子氏当選。初の女性都知事誕生
8 天皇が生前退位に関するビデオメッセージを公開
　小池都知事が11/7予定だった豊洲市場への移転延期発表
12 米大統領選挙で共和党ドナルド・トランプ氏が当選確定
　高速増殖原型炉もんじゅの廃炉を政府が正式決定
　安倍首相が現役総理大臣として初めてハワイ・真珠湾のアリゾナ記念館を訪問

経済・経営関係

1 日銀、日本の金融政策で初のマイナス金利を導入
2 TPPに参加する12カ国が協定に署名
4 三菱自動車による軽自動車の型式認証取得時の不正が判明
5 日産自動車が三菱自動車の筆頭株主になることに基本合意

8 トヨタ自動車がダイハツ工業を完全子会社化
　シャープが台湾の鴻海精密工業傘下で再建を目指すと発表
9 ファミリーマートとユニーグループ・ホールディングスが合併

流行・風俗関係

3 北海道新幹線が新青森－新函館北斗間で開業
7 「ポケモンGO」が日本でも配信開始、社会現象化

8 リオデジャネイロオリンピック開幕
10 大隅良典教授がノーベル生理学・医学賞受賞決定
12 国民的人気グループ「SMAP」が解散

実質GDP成長率	総理大臣
0.9%	安倍晋三

経営全般、創業家関係、他

営業、販売促進、店舗、新商品、他

製品、工場、技術、研究開発、他

人事、総務、経理関係、研修、他

●平成29年（2017）

日本と世界の主な出来事

1 ドナルド・トランプ氏が第45代米大統領に就任
5 仏大統領選挙でエマニュエル・マクロン候補当選
6 郵便はがきが10円値上げして62円に
今上天皇退位を認める特例法「天皇の退位等に関する皇室典範特例法」が参議院本会議で可決、成立
共謀罪法とも呼ばれる改正組織犯罪処罰法が可決、成立
強い毒を持つ南米原産のアリ「ヒアリ」が神戸港で発見されたと環境庁が発表

7 東京都議会議員選挙にて都民ファーストの会が大躍進
大阪地検特捜部は学校法人「森友学園」籠池泰典前理事長と諄子夫人を詐欺容疑で逮捕
8 早朝に北朝鮮がミサイル発射。政府は全国瞬時警報システム(J-アラート)で伝達
10 第48回衆議院議員総選挙。与党が過半数超え圧勝
11 トランプ米大統領初来日

経済・経営関係

2 トヨタ自動車とスズキが開発・調達部門での業務提携を発表
8 トヨタ自動車とマツダが業務資本提携に関する合意書を締結

9 日産自動車の国内全工場における無資格者検査が発覚
10 神戸製鋼所が品質データの改ざんを公表

流行・風俗関係

1 大関・稀勢の里が第72代横綱に昇進。日本出身力士の横綱昇進は19年ぶり
3 任天堂が新型ゲーム機「Nintendo Switch」発売
4 レゴランド・ジャパン開園（名古屋市港区）

6 将棋の藤井聡太四段が公式戦29連勝達成
9 歌手の安室奈美恵氏が2018/9/16に引退することを発表
12 将棋棋士の羽生善治氏が史上初の永世七冠を達成

総理大臣　**安倍晋三**

第3章　我が社の年表

経営全般、創業家関係、他

営業、販売促進、店舗、新商品、他

製品、工場、技術、研究開発、他

人事、総務、経理関係、研修、他

●平成30年（2018）

日本と世界の主な出来事

1 投資収益が20年間非課税となる「つみたてNISA」開始
  イラン全土で反政府デモ。最高指導者ハメネイ師への不満などを背景に、一部が暴徒化
  東シナ海で、軽質原油10万トン以上を積載したタンカーが貨物船と衝突し原油が流出
  晴れ着販売・貸衣装の「はれのひ」が成人式当日に営業停止、多数の成人が着物を着られない状況に

中国科学院の神経科学研究所は、世界で初めてクローン猿誕生の成功を発表
  仮想通貨取引所大手コインチェックで仮想通貨「NEM」約580億円相当が不正アクセスで流出
2 沖縄の名護市長選で、普天間飛行場移設計画に反対する現職の稲嶺進氏が、自民、公明、維新推薦の渡具知武豊氏に敗北
  北陸で大雪や暴風。生活に大きな影響

経済・経営関係

1 日経平均株価が23500円台を記録、26年ぶり高値
  ソニーが12年ぶりに、犬型ロボット「aibo（アイボ）」を発売。人工知能（AI）を搭載

2 米ダウ工業株30種平均が、1175ドル安と史上最大の下げ幅

流行・風俗関係

1 日本相撲協会が貴乃花親方の理事解任を全会一致で決議
  岩波書店が10年ぶりに「広辞苑」第七版を発行
  群馬県の草津白根山が噴火、自衛隊員やスキー客に被害が出たほか、自衛隊員1名が死亡

2 平昌オリンピック開幕。日本は計13個のメダルを獲得。冬季では過去最多
  将棋で史上初めて七冠を達成した羽生善治氏と、囲碁で初めて七冠を二度達成した井山裕太氏に国民栄誉賞授与
  藤井聡太五段、第11回朝日杯将棋オープン戦決勝で広瀬章人八段を破り史上最年少で一般棋戦優勝

総理大臣　**安倍晋三**

第3章　我が社の年表

経営全般、創業家関係、他

営業、販売促進、店舗、新商品、他

製品、工場、技術、研究開発、他

人事、総務、経理関係、研修、他

第4章
資本金と社員数の推移

平成社史

１０年分を３段で、計３０年分が記載できる表と、グラフ用の記入欄をご用意しました。右ページの表を最初にご記入いただき、その内容を左ページのグラフ欄に反映することで、増減が一目でわかるチャートが作成できます。

1. 資本金の推移

右頁の表に記入し、それを基に左頁の折線グラフを作成してください。

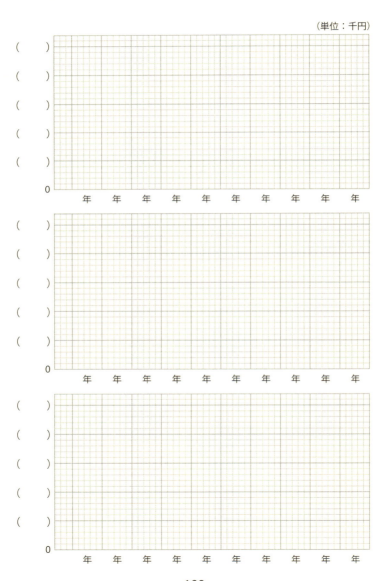

第 4 章　資本金と社員数の推移

年	資本金（千円）	年	資本金（千円）	年	資本金（千円）

備考、説明

2. 社員数の推移

右頁の表に記入し、それを基に左頁の折線グラフを作成してください。

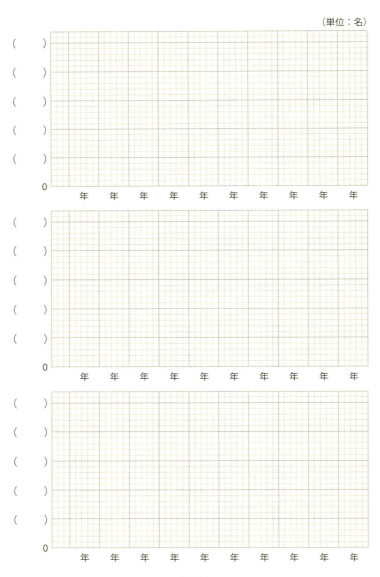

第 4 章　資本金と社員数の推移

年	社員数（名）	年	社員数（名）	年	社員数（名）

備考、説明

第 **5** 章
我が社の経営数字推移

平成社史

5年分を表とグラフの見開きで記入できる欄をご用意しました。右ページの表を最初にご記入いただき、その内容を左ページのグラフ欄に反映することで、増減が一目でわかるチャートが作成できます。計30年分が記載できます。

右頁の表に記入し、それを基に左頁の折線グラフを作成してください。

(単位：百万円)

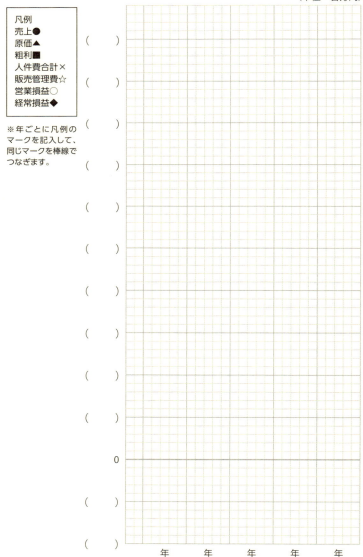

第5章　我が社の経営数字推移

（単位：百万円）

	年
売上	
原価	
粗利	
人件費	
販売管理費	
営業損益	
経常損益	

	年
売上	
原価	
粗利	
人件費	
販売管理費	
営業損益	
経常損益	

	年
売上	
原価	
粗利	
人件費	
販売管理費	
営業損益	
経常損益	

	年
売上	
原価	
粗利	
人件費	
販売管理費	
営業損益	
経常損益	

	年
売上	
原価	
粗利	
人件費	
販売管理費	
営業損益	
経常損益	

備考、説明

右頁の表に記入し、それを基に左頁の折線グラフを作成してください。

(単位:百万円)

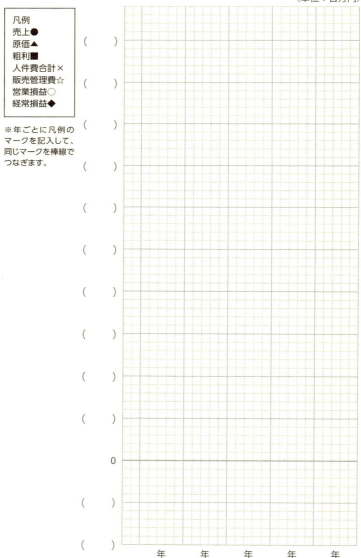

第 5 章　我が社の経営数字推移

（単位：百万円）

	年
売上	
原価	
粗利	
人件費	
販売管理費	
営業損益	
経常損益	

	年
売上	
原価	
粗利	
人件費	
販売管理費	
営業損益	
経常損益	

	年
売上	
原価	
粗利	
人件費	
販売管理費	
営業損益	
経常損益	

	年
売上	
原価	
粗利	
人件費	
販売管理費	
営業損益	
経常損益	

	年
売上	
原価	
粗利	
人件費	
販売管理費	
営業損益	
経常損益	

備考、説明

右頁の表に記入し、それを基に左頁の折線グラフを作成してください。

(単位：百万円)

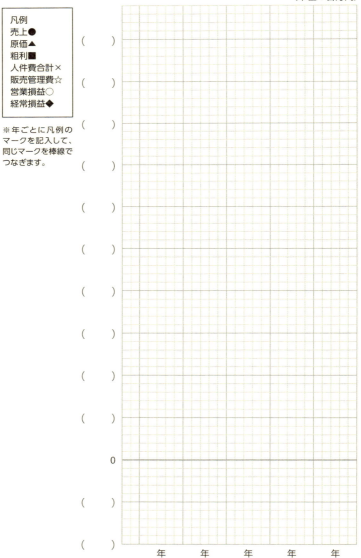

凡例
売上●
原価▲
粗利■
人件費合計×
販売管理費☆
営業損益○
経常損益◆

※年ごとに凡例のマークを記入して、同じマークを棒線でつなぎます。

第 5 章　我が社の経営数字推移

（単位：百万円）

	年
売上	
原価	
粗利	
人件費	
販売管理費	
営業損益	
経常損益	

	年
売上	
原価	
粗利	
人件費	
販売管理費	
営業損益	
経常損益	

	年
売上	
原価	
粗利	
人件費	
販売管理費	
営業損益	
経常損益	

	年
売上	
原価	
粗利	
人件費	
販売管理費	
営業損益	
経常損益	

	年
売上	
原価	
粗利	
人件費	
販売管理費	
営業損益	
経常損益	

備考、説明

右頁の表に記入し、それを基に左頁の折線グラフを作成してください。

(単位：百万円)

凡例
売上●
原価▲
粗利■
人件費合計×
販売管理費☆
営業損益○
経常損益◆

※年ごとに凡例のマークを記入して、同じマークを棒線でつなぎます。

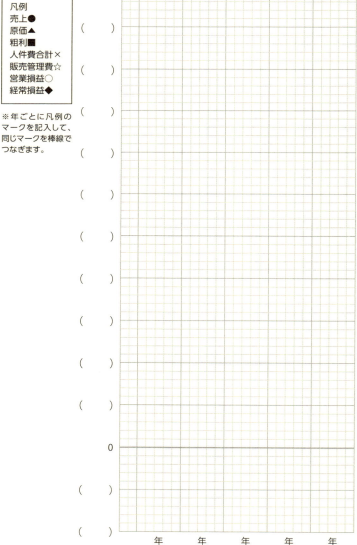

112

第5章　我が社の経営数字推移

（単位：百万円）

	年
売上	
原価	
粗利	
人件費	
販売管理費	
営業損益	
経常損益	

	年
売上	
原価	
粗利	
人件費	
販売管理費	
営業損益	
経常損益	

	年
売上	
原価	
粗利	
人件費	
販売管理費	
営業損益	
経常損益	

	年
売上	
原価	
粗利	
人件費	
販売管理費	
営業損益	
経常損益	

	年
売上	
原価	
粗利	
人件費	
販売管理費	
営業損益	
経常損益	

備考、説明

右頁の表に記入し、それを基に左頁の折線グラフを作成してください。

(単位:百万円)

凡例
売上●
原価▲
粗利■
人件費合計×
販売管理費☆
営業損益○
経常損益◆

※年ごとに凡例のマークを記入して、同じマークを棒線でつなぎます。

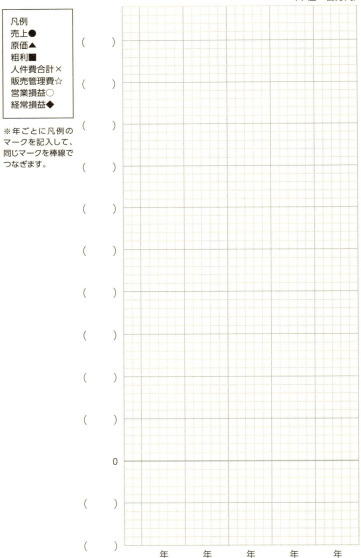

第 5 章　我が社の経営数字推移

（単位：百万円）

	年
売上	
原価	
粗利	
人件費	
販売管理費	
営業損益	
経常損益	

	年
売上	
原価	
粗利	
人件費	
販売管理費	
営業損益	
経常損益	

	年
売上	
原価	
粗利	
人件費	
販売管理費	
営業損益	
経常損益	

	年
売上	
原価	
粗利	
人件費	
販売管理費	
営業損益	
経常損益	

	年
売上	
原価	
粗利	
人件費	
販売管理費	
営業損益	
経常損益	

備考、説明

右頁の表に記入し、それを基に左頁の折線グラフを作成してください。

(単位：百万円)

凡例
売上●
原価▲
粗利■
人件費合計×
販売管理費☆
営業損益○
経常損益◆

※年ごとに凡例の
マークを記入して、
同じマークを棒線で
つなぎます。

( )

( )

( )

( )

( )

( )

( )

( )

( )

( )

0

( )

( )

年　　　　年　　　　年　　　　年　　　　年

第 5 章　我が社の経営数字推移

（単位：百万円）

	年
売上	
原価	
粗利	
人件費	
販売管理費	
営業損益	
経常損益	

	年
売上	
原価	
粗利	
人件費	
販売管理費	
営業損益	
経常損益	

	年
売上	
原価	
粗利	
人件費	
販売管理費	
営業損益	
経常損益	

	年
売上	
原価	
粗利	
人件費	
販売管理費	
営業損益	
経常損益	

	年
売上	
原価	
粗利	
人件費	
販売管理費	
営業損益	
経常損益	

備考、説明

第6章

我が社の歴史

いよいよ我が社の歴史の本文に入ってゆきます。

質問の中から、貴方が残したい項目を選んで、書いてまいりましょう。貴社には関連のない項目はとばしても大丈夫ですが、できるだけ、多くの項目を書けるように、努力していただきたいと思います。

頭から順番に、というのが当たり前と思われるかもしれませんが、それにこだわることはありません。貴方が残したいと思った項目、内容がわかっている項目、書きやすい項目から書いていってもだいじょうぶです。徐々に記憶が甦ってきますので、それに任せて、とびとびで書いてもかまいません。そして、書いてはしばらく置いて、読み返して、また添削するといった"行きつ戻りつ"を繰り返す書き方で、徐々に内容が充実してゆきます。ただし、記入は鉛筆か消せるペンにして下さい。削除、追加、訂正はいくらでも入ります。

項目は「創業期」「成長期」「成熟期」「総括」「今後について」の5つの時代区分に分かれています。同じ事を聞いていても、時代区分により、内容は違うはずです。最初の時代区分に、すべてを書かないように、気をつけて下さい。執筆する際は、10問または5問ずつにまとめられた質問の次にご用意した回答欄にご記入ください。使う予定のない回答欄は他の答えを書き込むスペースに使っていただいてもかまいません。

「今後について」は、歴史ではありませんが、今後、未来にわたって、歴史が刻まれていくはずです。それに対する期待を述べて下さい。

それは会社と社員への期待と共に、この社史がどのように今後に生かされるか、についても書き記しておいて下さ

い。ここでまとめられる社史は、多くの社員にとっては知ら
なかった事実がほとんどのはずです。そういう歴史が書か
れたものを、どう取り扱うのか、それを書いた本人でしか、
依頼をすることができません。その点にも触れておいて下さ
い。

　それでは執筆が円滑に進むことをお祈りいたします。

A：創業期（　　　年〜　　　年）

A1：創業者のおもな経歴：出身地、祖父母・両親の家庭状況、少青年時の特筆するエピソード

A2：創業者の学校歴、職業歴、自身の家族状況

A3：今の業種と出合ったきっかけは？

A4：どういう人物が、何を教えてくれましたか？

A5：なぜ、今の業種で起業することになりましたか？

A6：どういう経緯で事業化（会社化）が進みましたか？

A7：法人設立時の発起人は、どのような方々でしたか？

A8：起業時の社員の状況は？

A9：貴方の家族は、起業時、起業後に、どのような役割をされましたか？

A10：起業時の資本金と株式の状況を書いて下さい

第6章　我が社の歴史

A1.の回答

A2.の回答

A3.の回答

A4.の回答

A5.の回答

A6.の回答

第 6 章　我が社の歴史

A7. の回答

A8. の回答

A9. の回答

A10. の回答

A11：起業時のお金の状況は？

A12：運転資金等は、どのように確保しましたか？

A13：起業時の場所、事務所、工場、店はどうしましたか？

A14：起業時の設備や備品はどうしましたか？

A15：最初の仕事は、お客さまとはどのように始まりましたか？

A16：この時期に、会社を後押ししてくれた人とそのエピソード

A17：創業時の苦心、苦労について

A18：独自の技術、物、アイディアは何がありましたか？

A19：貴社を、どういう会社にしたいと思っていましたか？

A20：当時、必要だった情報はどこから入手しましたか？

第6章　我が社の歴史

A11.の回答

A12.の回答

A13.の回答

A14. の回答

A15. の回答

A16. の回答

第6章 我が社の歴史

A17. の回答

A18. の回答

A19. の回答

A20. の回答

A21：この頃に成功だったと言えるエピソードは？

A22：この頃に失敗だったと言えるエピソードは？

A23：この頃にお世話になった方とその内容は？

A24：創業から３人目までの社員はどのように採用しましたか？

A25：当時のメインの取引先とエピソードは？

A26：当時の営業の工夫はどのようなことですか？

A27：当時の競合先との差異、違いは何ですか？

A28：当時の製造・サービスの工夫はどういう内容ですか？

A29：当時の経営の考え方、経営理念は？

A30：当時の採用や人の教育・研修の工夫は？　難しさは？

第 6 章 我が社の歴史

A21. の回答

A22. の回答

A23. の回答

A24.の回答

A25.の回答

A26.の回答

第 6 章　我が社の歴史

A27. の回答

A28. の回答

A29. の回答

A30. の回答

A31：当時の帳簿付け、経理の工夫はどういう内容ですか？

A32：移転、引っ越しをした必要性と当時の模様は？

A33：阪神・淡路大震災と貴社の関係について

A34：このころに忘れられない人は？

A35：このころに忘れられない出来事は？

A31.の回答

A32.の回答

第6章　我が社の歴史

A33.の回答

A34.の回答

A35.の回答

B：成長期（　　　　年〜　　　　年）

B1：この会社は存続できると思った理由。または、この事業・商品が成長すると確信した時期と理由は？

B2：当時の主力販売先との関係内容は？

B3：主力販売先以外の販売先をどのように開拓しましたか？

B4：当時の仕入れ先は、どのように開拓しましたか？

B5：創業期の事業内容が、成長期にどのように変化しましたか？

B6：顧客を増やす工夫は、どのようにしましたか？

B7：当時にお世話になった方とそのエピソードは？

B8：当時の幹部社員の構成とその理由は？

B9：事業上で取得した認証・商標とその理由は？

B10：事業上で取得した実用新案・特許とその理由は？

第 6 章　我が社の歴史

B1. の回答

B2. の回答

B3. の回答

B4. の回答

B5. の回答

B6. の回答

第 6 章　我が社の歴史

B7. の回答

B8. の回答

B9. の回答

B10. の回答

B11：この前後のコンピュータシステムの概要と変遷は？

B12：このころにお世話になった方は？

B13：家族はこの時期に、どのような役割をされましたか？

B14：当時の労働条件・環境の実態について

B15：業務時間と休日の設定には、何か理由はありますか？

B16：当時の福利厚生は何かありましたか？

B17：どういう工夫が売上げを増やしましたか？

B18：どういう工夫が利益を増やしましたか？

B19：当時の競合先との差異、違いは？

B20：現場の生産性をどのように上げましたか？

第 6 章　我が社の歴史

B11. の回答

B12. の回答

B13. の回答

B14.の回答

B15.の回答

B16.の回答

第6章 我が社の歴史

B17.の回答

B18.の回答

B19.の回答

B20.の回答

B21：業務提携先、代理店をなぜ、どのように作りましたか？

B22：2代目経営者は、なぜ選びましたか？

B23：2代目経営者はどういうよい点と弱点がありましたか？

B24：2代目経営者にどのように継承しましたか？

B25：当時のお客さまのクレームで役に立った内容は？

B26：商品・サービスがどのように進化しましたか？

B27：当時の特筆する成功事例は？

B28：当時の特筆する失敗事例で、その後に役立ったことは？

B29：移転をしたその理由と当時の模様について

B30：当時に加盟した業界団体や組合、勉強会などでの活動について

第 6 章　我が社の歴史

B21. の回答

B22. の回答

B23. の回答

B24. の回答

B25. の回答

B26. の回答

第 6 章　我が社の歴史

B27. の回答

B28. の回答

B29. の回答

B30. の回答

C：成熟期（　　　年～　　　年）

C1：現在1位の販売先とその理由について

C2：現在2、3位の販売先とその理由について

C3：現在1位の仕入れ先とその理由について

C4：現在2位、3位の仕入れ先とその理由について

C5：営業の会議はどのように開催されますか、それはなぜですか？

C6：製造・サービスの会議はどのように開催されますか、それはなぜですか？

C7：役員会議、幹部会議はどのように開催されますか、それはなぜですか？

C8：社員の意見や希望などをくみ上げる仕組みはどのようにつくってきましたか？

C9：技術開発、商品開発、店舗開発は、どのようにしていますか？

C10：家族は、この時期、どのような役割をされましたか？

第 6 章　我が社の歴史

C1. の回答

C2. の回答

C3. の回答

C4.の回答

C5.の回答

C6.の回答

第 6 章　我が社の歴史

C7. の回答

C8. の回答

C9. の回答

C10. の回答

C11：業務提携先、代理店との関係は、どのように変化、進展しましたか？

C12：事業の多角化は、いつ、なぜ、どのようにおこないましたか？

C13：子会社をいつ、なぜ、作りましたか？

C14：関連会社をいつ、なぜ、もちましたか？

C15：同業者、競合先とはどのような関係をもっていますか？それは貴社にどういう影響がありますか？

C16：海外との関係は、なぜ、どのようにつくりましたか？

C17：大学や外部専門家との関係について

C18：コンピュータシステムはどのように進化しましたか？

C19：経理はどのように進化しましたか？

C20：会社・店舗・工場の移転等についての理由と当時の模様について

第 6 章　我が社の歴史

C11.の回答

C12.の回答

C13.の回答

C14. の回答

C15. の回答

C16. の回答

第6章　我が社の歴史

C17.の回答

C18.の回答

C19.の回答

C20.の回答

C21：人事制度の概要とそうなった理由について

C22：東日本大震災と当社の関係について

C23：その他の自然災害と当社の関係について

C24：受賞した内容とその理由について

C25：年間の行事はどのようなものがありますか？
　　　それはなぜですか？

C26：定期的におこなっている教育・研修の内容とその理由に
　　　ついて

C27：幹部社員研修は、どのようにおこなっていますか？

C28：会社で行った旅行にはどのようなものがありますか？

C29：近年の成功事例について

C30：近年の失敗事例について

第6章　我が社の歴史

C21.の回答

C22.の回答

C23.の回答

C24. の回答

C25. の回答

C26. の回答

第 6 章　我が社の歴史

C27. の回答

C28. の回答

C29. の回答

C30. の回答

D：総括

D1：今日まで、顧客ニーズをどう把握してきましたか？

D2：現在、競合社とどのように戦っていますか？

D3：社内の情報や資料をどのように共有してきましたか？

D4：会社が今日へとつながった主な要因は？

D5：外部から指導や影響を受けた人、会社は？
　　それはどういうご縁で何をもたらしましたか？

D6：創業から今日まで大事にしてきた人とその理由について

D7：創業から今日まで大事にしてきた事とその理由について

D8：創業から今日まで大事にしてきた物とその理由について

D9：資本金、株式については、創業時以後、どのように推移し
　　てきましたか。それはなぜですか？

D10：子会社、関連会社の現在の状況について

第 6 章　我が社の歴史

D1. の回答

D2. の回答

D3. の回答

D4. の回答

D5. の回答

D6. の回答

第 6 章　我が社の歴史

D7.の回答

D8.の回答

D9.の回答

D10.の回答

D11 : 現在の社員構成：性別、年齢、役職とその要因について

D12 : 現在の福利厚生の中で、特筆できることは？

D13 : 現在の役員構成とその理由について

D14 : 現在の幹部社員構成とその理由について

D15 : かつて、このような会社にしたいと思った計画（夢）と、
　　　現在は、どのような違いがありますか？

D11.の回答

D12.の回答

第6章 我が社の歴史

D13. の回答

D14. の回答

D15. の回答

E：今後について

E1：今後の経営は、どういう方が主力でされる予定ですか？

E2：今後、株式の所有者、所有比率はどのように変化する予定
　　ですか？

E3：今後の経営の舵取りを担う人材はどういう状況ですか？
　　何を期待していますか？

E4：今後の経営に、会社と家族（親族）はどのように関わってい
　　く予定ですか？

E5：現在の財政状況となっている要因と工夫について

E6：今後の経理・財務の考え方について

E7：今後の商品開発について

E8：今後の技術開発について

E9：今後の人材開発（採用、教育、人事制度）について

E10：社員の労働環境の整備について

第 6 章　我が社の歴史

E1. の回答

E2. の回答

E3. の回答

E4. の回答

E5. の回答

E6. の回答

第6章　我が社の歴史

E7.の回答

E8.の回答

E9.の回答

E10.の回答

E11：貴社のＢＣＰ（事業継続計画）について

E12：貴社の社会貢献活動について

E13：今後の社員に伝えたいこと

E14：次代の経営陣に伝えたいこと

E15：この社史を、今後、どのように取り扱っていこうと考え
　　ていますか？

E11.の回答

E12.の回答

第6章 我が社の歴史

E13.の回答

E14.の回答

E15.の回答

歴史を語る数々の写真

　写真は会社内にも、ご自宅にもたくさん所蔵されていると思います。その中で会社の歴史と関連のある写真を整理しておきましょう。会社と自宅のアルバムに番号を振って、貼付・はがしが可能なポストイットに記載し、アルバムに貼り付けます。そのアルバムの中に、関連した写真にさらにポストイットで番号を振ります。関連写真のないアルバムには貼付しないので、関連写真が入っているかどうかが、外から見てわかるようにします。ポストイットは背中と表紙の2カ所に貼るようにしましょう。

　写真に番号を貼り付けておけば、右記のような表で番号管理をすることができます。

　この機会に、会社に関係した写真は会社で保存をするようにしたほうがよいと思いますが、アルバムからはがすと破ける物もあるでしょう。また、家族の写真が入っているアルバムは会社に持って行けない事もあるかもしれません。その場合は、カメラで接写をして、データだけを会社に渡す、という方法も考えましょう。

　ビデオなども同様の方法で管理をしたらよいでしょう。

　データはデジタルになっているデータがあるかどうかです。元々デジタルで撮影している写真は「あり」になります。無ければ、この機会に、接写可能なカメラで撮影をして、デジタルデータにしておくことをお勧めします。プリント写真は色が劣化してゆきます。

歴史を語る数々の写真

写真整理表 (見本)

冊子 No.	写真 No.	写真説明	年月日	所蔵場所	データ 有無
1	3	創業の頃の社屋玄関前　山田、佐藤、鈴木の3人に、当時のパート社員の加藤 (左) と田中 (右)	19900401	山田の自宅	なし
4	2	箱根へ社員旅行　前列中央が山田、両隣に鈴木、佐藤。社員が増えて、バスが2台になった	20011001	総務のロッカー内	あり

あとがきの作成について

「執筆、おつかれさまでした」 いかがでしたか？

あとがきは、全体を作り終えてから書くようにしましょう。作り始めから、途中、そして仕上がるところまでたどり着くのは、そう容易なことではなかったはずです。行きつ戻りつ、書く手が止まって考えあぐねたり、さまざまな思いが交錯したことでしょう。

それはどの会社でも同じ事が起こっています。歴史を振り返ってみると、いまにして真相がわかったり、事実が浮かび上がることもあります。それらに気がついたときの学び、喜びや悲しみ、驚きなど、あとがきには、貴社の社史作りを通じて、どのようなことに気づいたのか、何を考えたのか、途中で止まった手を、何が再び動かしてくれたのか。そのような心の軌跡を、思い出しながら、綴って下さい。

下記のようなことから、書き始めるといかがでしょう。

1) 最初に社史を作ろうと思ったことと、作り終わってから思ったことの違い

2) いつから作り出して、いつ終わりましたか。その間、どのように時間は過ぎていきましたか？

3) どのような発見、学び、気づきがありましたか？

4) どなたに、どういう協力をしてもらいましたか？

5) 作り終わった後の感想

6) これをどのように所蔵、活用しようと考えていますか？

7) 現在の会社と社員への感謝の気持ちと、今後の会社と社員への期待の言葉

これらの中から、あなたの思いにフィットした内容を取り上げて書かれたらよいと思います。

あとがきの作成について

あとがき

あとがきの作成について

エピローグ（本書のあとがき）

　いかがだったでしょうか。社史の原稿はつくれましたか？

　自分の過去の人生と向き合うのは、多くの場合、楽しいことですが、それが会社の歴史となると、楽しいことばかりではありません。いえ、経営をしていると、厳しいことの方が多かったのだろうと思います。

　平成元年・1989年。かの昭和天皇が崩御された頃の自分は、けっこう覚えていますよね。あれから30年。長いようですが、過ぎてみると短く感じませんか？

　いま、我が社でも社史の制作を進めています。「創業35年史」です。

　数多くの社史を手がけてきましたが、我が社自身の社史をつくるのは、初めての体験です。

　初めての社史では、創業者の人となりを記録しておかなくてはなりません。多くの場合、創業者は事業を始める動機やきっかけが、創業前の人生や人間関係から出発することが多いからです。それゆえ、筆者の恥ずかしい半生を書かざるをえなくて、勇を鼓して綴りました。それだけでも決心が必要でしたが、さらに、いままでの多くの失敗とわずかな成功も書くこととなり、一汗も、ふた汗もかくこととなりました。

　今まで、お客様の立場にたって企画・編集してきたつもりでしたが、自社で作り出してみると、知らなかったこと、今回わかったことがあって、今更ながら、お客様に申し訳なかった、という気持ちがこみ上げてきました。

　日頃は、お客様に「勇気を出して書きましょう」と言っておきながら、実際、我が社が書くとなると、そう簡単なことで

エピローグ（本書のあとがき）

はありませんでした。

　どうしても、専門家として、あるべき論が先に立ち、理想的な社史を目指そうとするきらいがあります。最初から、そういうことを考えると、なかなか前に進まないのは、いずこも同じ。当社も、4年前のスタート時のプロジェクトチームの半分以上の担当者が変わりました。

　そして、いま、いよいよ終盤にかかって、近年のドラマが紡がれるところまできました。

　一つひとつの工程に携わってきましたが、最終的に、どんな社史が出来上がるのか、読者の反応を考えると、ドキドキ感とワクワク感が入り交じります。

　歴史と正面から向き合おうとするのは、ほんとうに勇気のいることです。ましてやその中心に近ければ近いほど、避けたくなる気持ちが強まります。しかし、そこで逃げてしまっては、せっかく歴史が語り出していることを、聞き逃してしまいます。

　「社史　良薬のごとし」。もっとも適確に会社の強点、弱点を教えてくれ、今後の経営の方向性も示してくれます。

　今回、時間と気力をふりしぼって書かれたこの社史を、ぜひ、ご家族や社員さんに共有していただき、貴社の歴史から将来へとつながるドラマが、さらに明るく、開かれた物語となることを、お祈りして擱筆いたします。

　我が社の社史の原稿をチェックした土曜日の午後

　　　　　　　　　　　　　　　　　　　　浅田厚志

「平成社史」──自社で作れる平成30年間の社史

2018年4月16日　初版第1刷発行

著者・発行人
浅田厚志

発行所
株式会社出版文化社

〈東京本部〉
　〒101-0051　東京都千代田区神田神保町2-20-2 ワカヤギビル2階
　TEL：03-3264-8811（代）　FAX：03-3264-8832

〈大阪本部〉
　〒541-0056　大阪府大阪市中央区久太郎町3-4-30 船場グランドビル8階
　TEL：06-4704-4700（代）　FAX：06-4704-4707

〈名古屋支社〉
　〒454-0011　愛知県名古屋市中川区山王2-6-18　リバーサイドステージ山王2階
　TEL：052-990-9090（代）　FAX：052-324-0660

〈受注センター〉
　TEL：03-3264-8825　FAX：03-3239-2565
　E-mail：book@shuppanbunka.com

印刷
西濃印刷株式会社

製本
株式会社渋谷文泉閣

©Atsushi Asada 2018 Printed in Japan　　ISBN978-4-88338-640-6　C0034

乱丁・落丁はお取り替えいたします。出版文化社受注センターにご連絡ください。
本書の無断複製・転載を禁じます。許諾については、出版文化社東京本部までお問い合わせ
ください。
定価はカバーに表示してあります。
出版文化社の会社概要および出版目録はウェブサイトで公開しております。
また書籍の注文も承っております。→ http://www.shuppanbunka.com/
郵便振替番号 00150-7-353651

既刊のご案内

社史ガイドシリーズ1
『新版 企業を活性化できる社史の作り方』

社史・記念誌ご担当者必携の書！
企画の基礎から応用までを系統的に解説。

四六判　232ページ
定価
（本体1,714円＋税）

第1部　社史とは何か
1. 社史制作にかかる前に
2. 周年記念事業と社史制作
3. 社史発刊が多くなってきた理由とその背景
4. 社史発行の意義と目的
5. 最近の社史の傾向
6. 自分史、伝記、社史、記念誌の違いについて

第2部　社史を企画するに際して
7. 企画に必要な条件
8. 前に出した社史と二冊目以降の社史
9. 企業内担当者の役割
10. 社史に関係する外部スタッフの編成
11. 社史コンペの行い方
12. 外注業者を選択するポイント

第3部　社史の編集・制作のすすめ方
13. 資料収集・整理、活用の方法
14. 内容構成案の作り方
15. 社史に入れられるおもしろい企画
16. 読まれる原稿を作るには
17. 書きにくい内容は、どう処理するか？
18. 書籍体裁の選択
19. 校正恐るべし
20. 発刊スケジュールも重要なポイント
21. 配布の準備と発送方法

第4部　コストを知る
22. コストの内容とその管理について
23. コストの種類とその特性を知る
24. 経費計上の仕方について

『新版 よくわかる！社史制作の Q&A77』
出版文化社社史編集部編

社史制作をするには何から手をつければよいのか、どんなふうに制作するのか。社史を制作する際に湧き出る疑問に編集部が答える形式で詳細に解説。実例も多数収録。
各企業に合う社史を制作するためのヒントが凝縮された一冊。

四六判、並製、224 頁
本体 1,800 円＋税
ISBN　9784883385812

事前準備	・社史を出すと、どのようなメリットがあるのですか？ ・何周年での発刊が多いのですか？ ・最低、何か月あれば社史をつくることができますか？ ・創業者の事績を特筆したいのですが、社史としてはおかしいですか？
企画づくり	・スケジュール管理のポイントを教えてください。 ・見積もり発注の際におさえておくべきポイントは何ですか？ ・編纂事務局の仕事とはどのようなものですか？
資料・ 情報収集	・どのような資料を集めればよいのですか？ ・古い資料がほとんど残っていないのですが、社史はつくれるでしょうか？ ・写真を集めるルートにはどのようなものがありますか？
取材・ 原稿作成	・仮目次とは何ですか？　なぜ必要なのでしょうか？ ・取材の進め方について教えてください。 ・"ありのままに"正直に書きたいのですが可能でしょうか？
デザイン・ 校正・印刷	・社長にはどの段階でチェックしてもらえばよいですか？ ・校正のコツを教えてください。
デジタル化	・書籍として制作した社史のデジタル化は可能ですか？ ・社史で集めた資料を WEB 上で利用可能にする方法はありますか？ ・本格的なデジタル・アーカイブについて教えてください。
体験談 （敬称略）	株式会社はせがわ／株式会社マルハン／朝日放送株式会社／千島土地株式会社／株式会社なだ万／日活株式会社／塩野香料株式会社／千葉交通株式会社／パイン株式会社／株式会社デルフィス／株式会社サカタのタネ

『実践 アーカイブ・マネジメント』
―自治体・企業・学園の実務―

朝日　崇

四六判、並製、 228 頁
ISBN 9784883384501
本体 2,000 円＋税

アーカイブの専門家が、資料の保存と管理に関するノウハウをはじめアーカイブズ学の基礎から実践的なテクニックまでを分かりやすく解説!!

目　次
第 1 章　アーカイブの世界に馴染もう
第 2 章　アーカイブの大事さを知ろう
第 3 章　アーカイブを実践してみよう
第 4 章　先達から学ぼう
第 5 章　これからやるべきことを見極めよう

アーカイブズとは
個人や組織が、活動の中で生み出した歴史的資料群や資料保存機関。とくに歴史的資料の収集、整理、保存、活用等一貫したシステムにより支えられた資料群を指します。

朝日 崇（あさひ たかし）
1954 年千葉県生まれ。1978 年一橋大学社会学部卒業。
大手印刷会社にて 150 冊余の企業史編集業務に従事の後、出版文化社にてアーカイブの企画営業を行う。その後独立し、アーカイブの啓蒙・実践に従事。記録管理学会会員（2003 年〜 2009 年理事・学会誌編集委員長）、日本アーカイブズ学会会員。

『成功長寿企業への道』

浅田 厚志 著
発行：出版文化社
体裁：四六判、並製本、
　　　240ページ
定価：2,000円+税

取材とアンケート調査で見えてきた「成功長寿企業」の経営スタイルとその哲学

創業平均144年の長寿企業328社に75の質問を行ったアンケート調査。
長寿企業10社と非長寿企業11社の経営者への取材。
そこから得たデータを分析し、彼らの経営の神髄に迫る。
長寿企業の傾向が一目でわかる図版も56点掲載。

——果たして、彼らは創業時の商品をいまも販売しているのか？

第1章　成功長寿とは何か
第2章　成功長寿企業の経営スタイル
第3章　成功長寿企業の同族性と継承力
第4章　成功長寿企業と家族主義・実力主義
第5章　成功長寿企業と経営の6要素
第6章　成功長寿企業と社員持株会
第7章　成功長寿企業と労働組合
第8章　成功長寿企業の特徴
第9章　成功長寿企業社長10人の言説から特徴を捉える